老上海

邑庙城隍

薛理勇 著

上海书店出版社

前　言

　　大概在 20 世纪 80 年代中后期,我在《新民晚报》上发表了一篇"豆腐干"文章,大意是讲,上海历史上有不少叫做"三官堂弄"或"三官堂街"的小路,这些小路都是以附近有一个"三官堂"的道观得名的,虹口区永定路 70 弄(我很久未去哪里,不知这条弄堂是否还在)旧名"三官堂弄",因这里原有一座"茅山道院下院",俗称"三官堂"而得名的。几天后,现任中国道教协会副会长、上海市道教协会副会长、《上海道教》杂志主编、上海太清宫住持丁长云道长陪了一位长者找到我工作单位,才知长者就是上海市道教协会会长陈莲笙道长。他是道士出身,对上海道观分布十分熟悉,但他已记不清虹口的三官堂弄和三官堂,希望核实一下,于是我告诉他,我家住虹口,离这"三官堂"不远,并找出了我引用的资料、历史地图,核准后,陈道长十分高兴,希望我常去道教协会走走。后来上海市道教协会开会时,我即应邀为代表,即现在的会员,协会还给了我一个"常务理事"的头衔,这倒使我有点受宠若惊,因为在协会中非道徒或居士者极少,我就是其中之一,并一直连任至今。

我长期从事上海历史研究，上海史研究是我的职业，也是我的"饭碗头"，而上海城隍庙不仅仅是上海的土地庙，在相当长的一段时期里，这里也是上海宗教、商业、风俗活动的中心，在上海历史上具有特殊的地位，更是上海历史的重要一章。我聆听过陈道长有关上海道教历史以及发展的观点，也部分参加上海城隍庙复建的讨论，当年陈道长建议我写一本关于上海城隍庙的书，但总以为火候未到，暂不下笔，而如今陈道长已驾鹤飞升，我也已退休多年，可以完成陈道长的嘱托。

可以讲，从明朝以后，每个县必须建一座城隍庙，上有所好，下必甚矣，于是不少镇也有城隍庙，甚至一座县城或城镇会有两座、三座城隍庙。从本质上来讲，地方的城隍庙就是该地方的土地庙，是一个地方、城镇的守护神；县衙门是地方的最高行政机构，知县就是地方的"父母官"，而城隍庙则是这个地方阴曹地府的衙门，城隍就是这个地方阴曹地府的"知县"，于是，城隍庙和城隍是最具地域、地方特色的宗教建筑和传奇神话。

与道教的许多神道人物不一样，许多地方的城隍是民众推选的历史人物，尤其是由对该地方作出贡献的人物担任，于是，许多城隍庙既是地方的土地庙，又是城隍宗族的家庙。上海城隍正堂秦裕伯就是上海本地人，所以上海城隍庙既是上海的土地庙，又是上海秦氏的宗庙。这也决定了城隍庙与其他道观的不一致性。

与全国许多地方一样，上海城隍庙是宗教活动中心，城隍庙地区又是地方的商业、风俗活动中心，所以，上海城隍庙的历史、文化也是上海历史、文化的重要组成部分。

目 录

1　前言

1　城隍溯源

5　上海行政区域的变化
8　古代上海地区的城隍和城隍庙
13　上海地区的霍光庙
16　厉鬼与厉坛

21　上海城隍正堂秦裕伯

24　秦裕伯家世和故事
30　浦江镇的上海城隍故里

37　上海城隍庙

43　上海邑厉坛的考证
49　豫园与城隍庙西园
55　城隍庙的同业公所
62　上海的新城隍庙
66　关于城隍塑像

69 城隍庙的神话与鬼话

- 72 从松江府城隍照壁图案讲起
- 77 城隍庙的神话和鬼话
- 87 城隍庙的"人话"

91 城隍庙的赛神和风俗活动

- 94 三巡会的传闻
- 102 三巡会的仪式
- 106 "奶奶生日"与兰花会
- 111 六月六日的晒袍会
- 116 到城隍庙"叫七"
- 123 城隍庙里神仙多
- 126 上海城隍庙的"年规戏"

129 城隍庙的工艺品市场

- 132 小校场的祭祀用品市场
- 140 城隍庙的迷信行业
- 146 城隍庙的珠宝古玩市场
- 150 城隍庙的工艺品

| 155 | **城隍庙的饮食与食摊** |

165	小热昏与梨膏糖
172	有趣的"双档"
177	鸡鸭血汤和油豆腐粉丝汤
179	城隍庙的南翔小笼馒头
182	城隍庙的烘鱿鱼干
185	城隍庙的奶油五香豆

| 187 | 尾声 |

城隍溯源

春秋战国时期,诸侯国林立,战争不断,百姓遭殃。为了保护一方的平安,国都要建造城墙,稍具规模的城池也要建造城墙,国都称之"京城",地方称之"邑城"。城墙是军事防御体,但城墙也是分割线,"城里为邑,邑外为郊",城墙把地方划分为城里城外,也即"市区"与"郊区",这样,"社"就成了郊野乡村的土地公公,而"城隍"就是城里的土地老爷,二者本质一致,实管区域和对象就大不一样了。

把城市的土地老爷称之"城隍",供城隍的地方称之"城隍庙",最早见于《北齐书·慕容俨传》。慕容俨,字恃德,习兵法,北齐天保二年(551年)以军功授开府仪同三司,后被派守卫郢城。刚到任,梁朝大都督侯瑱、任约就派军队攻打郢城,还在上游鹦鹉洲上用芦苇筑长数里的围栏,堵住郢城的出路,形势对慕容俨十分不利。《慕容俨传》中讲:"城中先有神祠一所,俗号城隍神",慕容俨不仅自己经常向神祈祷,还率领部下集体祈祷,祈求城隍在冥冥之中保佑他们。此时,果然大风狂起,江上惊涛骇浪,把敌军围的芦苇坝冲垮了,慕容俨取得胜利。

到了唐朝以后,"城隍"的记载就逐渐多了起来,如《太平广记》卷一二四:

> 唐洪州司马王简易者,梦见一鬼使,自称丁郢,手执符牒,云奉城隍神命,来追王简易。

《古今图书集成·神异典》引《中吴记闻》:

> 吴俗畏鬼,每州县必有城隍神。开元末,宣州司户卒,引见城隍神,所居重深,殿宇崇峻,侍卫甲仗严肃。司户既入,府君问其生平行事,曰:"吾即宣城内史桓彝也,为是神管郡耳"。

宋范成大《吴郡志·卷十二·祠庙》:

> 春申君庙,在子城内西南隅,即城隍神庙也。

中国道教是多神教,有记录的神道人物不少于两万人。道教的神道来源也是多样化的,一类可以称之"尊神",一般是早期道教著录中的神道,如元始天尊,太上老君,玉皇大帝之类;一类是因自然现象被神化、人格化产生的神,如北斗星君、太白金星、雨伯雷神之类;一类是神仙,大多由神道故事派生出来的神,如九天玄女、八仙之类;一类是祖师真人,往往是道教某宗派的开创者,如张天师、许真君、张三丰等;还有一类就是地方的真人,他们对地方事业作出过贡献,并被附以许多的传说故事,后来就被地方尊为地方保护神,而地方的城隍大多就是这一类人物,如以上引文中提到的苏州城隍春申君、宣城城隍桓彝等。

上海行政区域的变化

秦始皇统一中国后,分天下为三十六郡,郡下设县,这就是所谓的"郡县制"。在以后的不同朝代,行政建置的名目繁多,但大多实现三级行政制,即中央政府下设"省","省"下设"府"或"州","府"下设"县"。今上海市的区域一直到唐朝还分属昆山、嘉兴、海盐三个县,根据唐朝制度,江南地区编户超过万户应该置县,到唐朝天宝年间(742—756年),这里的编户早已超过万户,于是于唐天宝十载(751年),分原昆山县的南境,嘉兴县的东境,海盐县的西境设立"华亭县",此时的华亭县的区域大致相当于除嘉定区、宝山区、崇明县以外的今上海市。

根据元朝的制度,"江淮以南,三万户以上者为上县",这里的人口又远远超过了三万户,于是在元至元

上海近郊的龙华寺塔

十四年(1277年)升原华亭县为华亭府,第二年改称松江府,下面只有一个华亭县,当然,这是为设立上海县做准备,几年后,即至元二十九年(1292年),就析原华亭县东北的高昌、长人、北亭、海隅、新江五个乡置上海县。到了明朝嘉靖、万历年间,又析上海县西部的北亭、海隅、新江三个乡和华亭县的两个乡置青浦县,于是上海县下面只有高昌和长人两个乡了。

古代的吴淞江是一条很大的河流,唐朝置华亭县时,它的北界就是吴淞江,北岸属昆山县,在南宋嘉定十年(1217年),析昆山县的安定、春申、临江、平乐、醋塘五乡置嘉定州,不久又改称嘉定县,治设练祁市,就是今嘉定城厢镇。

到了清朝以后,江南人口增长速度很快,根据江苏巡抚张楷的上奏,认为江苏省的苏州、松江、常州三府的人口实在太多,于征税工作带来不少困难,建议将该三府下辖的三十三个县全部一拆为二,变成六十六个县,皇帝批准了。于是于雍正二年(1724年),吴淞江北岸的嘉定县增置宝山县,析华亭县的两个乡置奉贤县,原金山卫改金山县,析青浦县部分置福泉县(后取消),析上海县部分置南汇县。到了清嘉庆十年(1805年),又析上海县高昌乡的十五个图,南汇县的十个图,以及下沙盐场的八、九两团之地设"川沙厅",民国后废除厅和州的编制,1914年又改川沙厅为川沙县。

清代和民国初,"市"还是一个"市场"的概念,地方上有一定数量聚集人口,并且有相应规模商业活动的地方可称之"市",《同治上海县志·卷一·疆域·镇市》中记载,同治年间上海县有称之"镇"和"市"

的地方就有四十五处,其中"市"就有三十四处之多,其中如浦东的洋泾市、杨师桥市、浦西的老闸市、新闸市、静安寺市、虹口市、徐家汇市等,一般讲,"市"的人口和规模均小于"镇",后来,人们就把这种"市"称之"草市",与后来的 city 是不同的概念。进入 20 世纪后,西方国家出现并推广"大市"(great city)计划,尤以英国的"大伦敦市"(Great-London)的影响最显著。1927 年,南京国民政府批准上海设"上海特别市"(Great Shanghai City),1930 年改称院辖市,直辖市,1958 年将原江苏省下属的松江、青浦、金山、奉贤、嘉定、宝山、南汇、川沙、崇明诸县划归上海市。

城隍神本来是一个城市的守护神,或者讲就是城市的"社"、土地公公,至迟到了明朝初年,中央政府把城隍庙分作几等,就是京师城隍庙、省城隍庙、府城隍庙、县城隍庙,于是,城隍也有了等级,京师城隍的管辖区域犹如人间的皇帝,县城隍则如阴曹地府的知县,其管辖的区域和范围是与这个县的面积、人口是一致的,即上海邑城隍只管上海县这块地方。上面用这么大的篇幅讲上海地区的设置沿革,目的在于说明,不同时期的城隍,掌控的区域是不一样的。

古代上海地区的城隍和城隍庙

南宋《绍熙云间志·卷中·祠庙》中记：

> 城隍庙，旧在县西。政和四年，迁于县东七十步。唐李阳冰曰：城隍神祀典虽无，吴越中多祠之。今州县城隍，相传祀纪信云。

古代汉语中的"县"往往指"县治"，即县衙门所在地，华亭县城隍庙原来在县衙门的西面，北宋政和四年（1114年）迁到县衙门东七十步重建，应该讲，华亭县城隍庙是上海地区最早的城隍庙之一，而城隍是楚汉相争时的西汉名将纪信。纪信是刘邦手下的一名大将，当年项羽围困荥阳时，形势十分严重，于是纪信请求乘刘邦的马车，冒充刘邦吸引项羽，而刘邦则从旁边出击，项羽十分气愤，在拘捕了纪信后还将纪信活活烧死。刘邦建立西汉王朝后，封他为"忠祐"，并为他建庙。不过，这个故事发生在楚汉之争时期，地点在西北的荥阳，与上海地区的关系不大，华亭人为什么会尊纪信为城隍呢？

民间传说，纪信被烧死后化为神，发誓与楚霸王项羽为敌。上海地区东临大海，吴淞江东流直泻大海，受潮汐的影响，吴淞江及支流有明显的、规律性的潮涨潮落，落差多达数米，这种河称之"潮汐河"，当大潮来临，会冲垮堤岸，淹没庄稼，当地人称之"霸王潮"，这本来与西楚霸王项羽没有关系，但人们往往把"霸王潮"理解为是西楚霸王发怒而掀起的浪潮，而纪信就是西楚霸王项羽的死敌、对手，就利用、借助纪信庙来压制、打击"霸王潮"，于是纪信就成华亭的守护神、城隍。这一推断应该讲是合乎情理的。

今天上海市闵行区西部与青浦区交界的地方有——纪王镇，至迟在明朝的正德年间已被叫做"纪王市"，万历时为纪王镇，这里靠吴淞江很近，据记载，在很早以前，当地人就为消弭吴淞江的"霸王潮"之灾，建了一座纪王庙，"纪王"即以该庙得名，这大概也是这里的城隍庙。古代，皇帝或官吏设在别处的宫殿、衙署称之"行宫"、"行辕"等名，城隍庙是阴曹地府在人间的"办事处"，建在省城、府城、县城，也会在低一级的行政区出现"派出机构"，称之"行祠"，也许，那纪王的纪王庙就是华亭县城隍的"行祠"。

明万历分上海西部的三个乡建立青浦县后，上海县下只有高昌和长人二乡，《云间志》中讲高昌乡下有"九保、十五村，管里四：高昌、盘龙、横塘、三林"。未提到"十五村"的具体名字，而在明《弘治上海县志》中记下了"九保、四里、十五村"的名字，其中有一个"淡井村"，显然，这是一个古老的自然村落名。而就在明弘治后的几十年，《万历上海县志》中出现了这样一条记录：

《图画日报》绘"淡井庙"

秦裕伯墓,在淡井庙北。

秦裕伯是明朝开国皇帝朱元璋封的"上海县城隍正堂",于是,淡井村、淡井庙就与城隍庙挂上了钩,比较完整的描述见于清《嘉庆上海县志·卷七·坛庙》,说:

> 淡井庙,庙有井,味淡。《至元嘉禾志》,东塘邮置有"淡井铺",亦以此名。在西门外。宋时,建为华亭城隍行殿。元时,权奉县城隍于此。

讲得有板有眼的,令人不得不信。上海濒海,水多咸味,所以上海话中的"淡"就是不咸,也就是甘甜,这里有一口井,井水不咸而被叫做"淡井",据讲,宋朝时这里就建了华亭县城隍的行祠,当秦裕伯被封为上海县城隍,但庙还没建,就把这里当作临时性的城隍庙。

我年轻时人们把永嘉路瑞金二路一带叫做"淡井庙",庙在永嘉路12号内,后来在这里办了一家华侨胶木厂,生产电器上使用的胶木插座。我到该厂去过几次,厂里的工人知道这里有"淡井",我见过这口井,但已被污染,上面加了盖。胶木厂就开在原来的庙内,二层砖木结构,传统的庙宇建筑,正殿七开间,其中

1918年上海地图,淡井庙与广慈医院很近

五间对着一个大天井。庙的北面有一块空地,杂草丛生,它的围墙与瑞金宾馆相邻,上面架设着铁丝网。大概20世纪末,我听说淡井庙要拆了,于是又旧地重游,用"傻瓜机"拍了照片,可惜,由于距离不够,只能拍到庙宇的半身。

姚廷遴,字纯如,明末清初上海人,他的祖父是明朝御医姚永丰,叔祖父是浙江布政使姚永济,属名门出身。他的日记称《历年记》,所记始于明崇祯元年,迄清康熙三十六年(1628—1697年),其中记到这样一件事:

此在康熙六年，由本府太守张羽明、华亭知县李复兴各捐俸千金，仿嘉、湖事例，奏办成功也。废旧日之区图，革前日之陋习，免诸项之苦役，禁额外之科派，任从民便，归并当差……自此一番改革，大除往日之害。正所谓政令维新，一府四县（当时松江府下有华亭、娄县、青浦、上海四县），亿万粮户及有田业者，子子孙孙俱受惠无疆矣。故李知县死在任所，华、娄两县民，呈请上台敕为娄县城隍，塑像奉祀，千百年瞻仰靡穷。

原华亭县一分为二，成了华亭和娄县两个县，纪信仍是华亭县城隍，而娄县城隍空缺，于是当地百姓就公举对百姓作出贡献，并在任内殉职的原华亭知县李复兴为娄县城隍。

上海地区的霍光庙

"上海"地名最早在文献上的出现见于北宋的《宋会要辑稿·食货十九·酒曲杂录》,称"上海务",是一个酒类的市场和征税机构,位置就在今天上海老城厢,如此看来,把上海城市的最早形态定为"水乡",还不如定为"酒乡"更确切,有根据。南宋咸淳年间(1265—1274年),出现了上海镇,一直到元至元二十九年,也就是公元1292年正式置上海县,一般把建县的年代作为"建城"的年代。公元1292年前上海还不是县城,也没有自己的城隍庙,但是,松江府城隍在上海设了一个行祠,那就是"淡井庙",而在更早,上海就在方浜的北岸建了一个叫做"霍光行祠"的小庙,关于这位霍光神也是有来历的,宋《绍熙云间志·祠庙》中有一段记载:

  金山忠烈昭应庙 在海中金山,去县九十里。别庙在县东南八十步。庙有吴越王镠《祭献文》云:以报冠军之阴德。《吴越备史》云:大将军霍光,自汉室既衰,旧庙亦毁。一日,吴主皓染疾甚，忽于宫庭附黄门小竖曰：国主封畍华亭谷，极东南有金山咸塘，风激重潮，海水为害，非人力所能防。金山北，古之海盐县。一旦陷没为湖，无大神护也。臣汉之功臣霍光也。臣部党有力，可立庙于咸塘，臣当统部属以镇之。遂立庙，岁以祀之。宣和二年，赐显忠庙。五年，封忠烈公。建炎三年，辛道宗领舟师，由海道护行在所，奏加封忠烈顺济，且赐缗钱，以新庙貌。四年，加封昭应。按：霍去病为冠军将军，而霍子孟为大将军。今《备史》以为霍光，或者，吴越《祭文》不考也。《嘉禾志》有冠军神庙，又有金山庙，皆云忠烈昭应，则以一庙为二矣。

今天，上海东南的金山卫离岸约六公里处有三座相近的小岛，分别叫做大金山岛、小金山岛和浮山岛，根据古籍记载，这三岛本来是与陆地相连的山头，大概在南宋时这里发生地陷，也许就是地震，使山与陆地分离而成了岛，而"金山"之名即得名于原来的山，后来的岛。这里临海，自然灾害严重，海浪汹涌，破坏力很强，人力无法抗拒，那就只能祈求神灵了。东吴国君孙皓病得很厉害，神智不清，一天，他突然附身到宫内的太监身上，讲，金山一带海潮汹涌，灾害严重，人力是无法抗拒的，汉朝的大将神力过人，在这里建霍光庙，就可以借助神的力量来抵抗海浪，于是，人们就在金山建了霍光的"金山忠烈昭应庙"。前文已经提到，金山原来是与大陆相连的，南宋时才因地陷坍入海中，南宋绍熙年间，金山已经成了海中的岛，三国的年代，金山还在陆地，那位吴主竟事先知道"一旦陷没为湖，无大神护也"，显然，这个"鬼话"是后人杜撰的。上海地区东临大海，除沿海会遭海浪冲击，流入大海的河流也受潮汐的影响有明显的规律性的潮涨潮落，落差可多达数米，如遇大潮，潮水可能冲垮堤岸，涌入陆地，造成严重自然灾害，上海地区把这种大潮称之"黄胖潮"，又称之"霸王潮"，人们又把"霸王潮"与楚汉之争的"西楚霸王"项羽联系起来，认为是楚霸王发怒才掀起霸王潮，人们又以为楚霸王是西汉的败将，可以利用汉将来打击楚霸王，这样，上海也不会受霸王潮的侵害了。事实也是如此，古代上海地区确实有许多西汉将领的庙，除了华亭城隍是纪信外，上海还有萧何庙、英布庙、彭王庙、樊王庙等，而金山的霍光庙也只是其中之一吧。

霍光庙建成后，霍光就成了金山地区的守护神，也许，它并不完全等同于城隍庙，但古人实际上已认同他是一方城隍了，一些没有自己地方城隍或守护神的地方，就纷纷建造"霍光行祠"，就把它当作地方的城隍庙了。同样，在上海县城隍庙没建之前，霍光行祠就替代了上海城隍，而以后上海的城隍庙就是建在霍光行祠原址上的。

厉鬼与厉坛

城隍是中国城市的土地庙,但在明朝以前,地方是否建城隍庙,这是地方上的事,中央政府并没对地方是否应该或必须建城隍庙作过任何规定,下过什么文件,但到了明朝以后,就明确规定,全国县级和以上的城市必须建城隍庙,还规定,封京师的城隍为"承天鉴国司民升福明灵王",开封、临濠、太平、和州、滁州的城隍为王,其余府城隍为"灵佑侯",秩三品,县城隍为"显佑伯",秩四品,《明史·礼志三·城隍》中记录颇详,说:

洪武二年,礼官言:"城隍之祀,莫详其始。先儒谓既有社,不应复有城隍。故唐李阳冰《缙云城隍记》谓'祀典无之,唯吴越有之'。然成都城隍祠,李德裕所建,张说有祭城隍之文,杜牧有祭黄州城隍文,则不独吴、越为然。又芜湖城隍庙建于吴赤乌二年,高齐慕容俨、梁武陵王祀城隍,皆书于史,又不独唐而已。宋以来其祠遍天下,或锡庙额,或颁封爵,至或迁就傅会,各指一人以为神之姓名。按张九龄《祭洪州城隍文》曰:'城隍是保,甿庶是依'。则前代祭祀之意有在也。今宜附祭于岳渎诸神之坛。"乃命加以封爵。京都为承天鉴国司民升福明灵王,开封、临濠、太平、和州、滁州皆封为王。其余府为鉴察司民城隍威灵公,秩正二品。州为鉴察司民城隍灵佑侯,秩三品。县为鉴察司民城隍显佑伯,秩四品。三年,诏去封号,止称某府州县城隍之神。又令各庙屏去他神。定庙制,高广视官署厅堂。造木为主,毁塑像异置水中,取其泥涂壁,绘以云山。在王国者王亲祭之,在各府州县者守令主之。

至于朱元璋为什么三令五申规定县一级的城邑必须建城隍庙,旧志并没明确的说明,但民间倒有一说,而且与上海有关,清上海人毛祥麟《墨余录·卷二·钱鹤皋》中说:钱鹤皋是吴越王钱镠的后裔,世居上海西南三十里,大概相当于诸翟的王湖桥,拥有良田千顷,并喜欢结交海内名士侠客,名扬宇内。元朝末年,他受张士诚的蛊惑而投诚元王朝,张士诚被元政府授太尉,开府平江(即苏州),钱鹤皋被保举为行省右丞,遂誓死效忠元皇帝。元末,朱元璋的大将徐达引兵东下,松江知府王中立投降,徐达命荀玉珍守松江,誓死效忠元王朝的钱鹤皋就在家乡组织乡勇,攻占上海,并向松江进军,于是,徐达又调集精兵强将实行反攻,钱鹤皋全军覆没,他也被活捉后押到南京,并被处斩,据说,钱鹤皋对朱元璋破口大骂,并说"即使死后也将化作厉鬼,与朱元璋作对到底",当钱鹤皋被杀时,"白血喷注,明祖异之,恐为厉,因令天下设坛,祭鹤皋等元祀鬼魂"。此只是一个传说,有多少可靠性,不得而知。

"厉"的繁体为"厲",而"萬"见于甲骨文和金文,字形相近,等,字形像一只蝎子,人们认为它是"蠆"的古字,后来"萬"被用于数字的"万"借用,它的本义就丧失了。蝎子是一种毒性很强的毒虫,古代被视为"五毒"之一,被蝎子蜇伤,可能会使人神智不清,甚至死亡,于是"厉"在古文中指"厉鬼",是一种会附到人身上为鬼作祟的冤魂野鬼。"病入膏肓"是常用的成语,它就出典于一个与厉鬼有关的故事,《左传·成公十年》中讲:晋侯在两年前杀了自己国家的大夫赵同、赵括,赵氏的宗族也受牵连。两年后晋侯就得了大病,还梦见一大厉,"披发及地,搏膺而踊",对晋侯怒斥:"你无缘无故地杀了我的孙子,是不义之徒,我已向上天请命,特来向你复仇",还冲进大门,一直冲到寝室,晋侯被惊醒了。于是晋侯请来了自己的巫医,想不到巫医也知道晋侯做的梦中发生的事,巫医还讲,你这病看来过不了今年春麦上市。于是,晋侯只得求救于秦国,秦国就派了一个叫缓的医生来治病。医生还没到来,晋侯又做了一个梦,梦见两个小人在对话,一个说"缓是高明的医生,看来我俩无处藏身了。"另一个回答:"没关系,我们可以躲藏到'肓之上,膏之下',再好的医生也奈何不了我们。"缓到后立即给晋侯看病,并对晋侯讲:"疾不可为也,在肓之上,膏之下,攻之不可,达之不及,药不至焉,不可为也",意思是讲:你的病势很严重,病因在膈膜的上面,心脏的下面,用猛药,你身体受不了,用慢药,药效到不了那里,已无法医治了。果然,这一年六月,新麦刚收割,晋侯就死了。

古人认为,死亡是一件正常的事,人正常死亡后,只要根据规定的礼仪制度安葬,死者的灵魂脱离躯体后回归到另一个阴世世界,在那里报上户口,可以安居乐业,乐不思蜀,也许会在合适的时候,他又重新投胎,获得新生。但是,"匹夫匹妇强死,其魂魄犹能凭依于人,以为淫厉",对于一些因战争、灾难、冤枉、遇刺而非正常死亡的人来讲,他们的灵魂就难以或无法回归到彼岸世界,即使回到了那里,也上不了户口,不能安居乐业,他们是冤魂野鬼,因无家可归而到处游荡,扰乱社会治安,破坏社会秩序,一旦依附到活人的身上,轻者生病,重则死亡,这些无家可归的冤魂野鬼就是"厉鬼"。必须在人间建立一些安置、祭祀、超度厉鬼的建筑,让他们有安居之所,他们就不至于流荡社会,为鬼作祟,这样社会太平,百姓安定,这种建筑就叫——厉坛。

僧人出身的朱元璋深谙此道,同时,在元末的农民战争中,生灵涂炭,百姓"强死"者数以百万计,追随他的将士殉难者不计其数,朱元璋必须给死者以交代。厉坛和祭厉古已有之,但直到朱元璋才形成定制。《明史·礼志四》表述得很清楚,说:

> 泰厉坛,祭无祀鬼神。《春秋传》曰:"鬼有所归,乃不为厉。"此其义也。《祭法》:王祭泰厉、诸侯祭公厉、大夫祭族厉。《士丧礼》:"疾病,祷于厉。"郑注谓:汉时民间皆秋祀厉,则此祀达于上下矣。然后世皆不举行。洪武三年定制:京都祭太厉,设坛元(玄)武湖中,岁以清明及十月朔日,遣官致祭。前期七日,檄京都城隍;祭日,设京、省城隍神位于坛上,无祀鬼神等位于坛下之东西;羊三、豕三、饭米三石。王国祭国厉,府州祭郡厉,县祭县厉,

皆设坛城北。一年二祭。如京师里社则祭乡厉。后定郡、邑、乡皆以清明日、七月十五日、十月朔日。

祭厉是一种古老的宗教风俗,春秋战国时期,诸侯国林立,战乱不已,有的人在战争中生存下来,还可能因战功而封侯立爵,升官发财,而许多人在战争中殉难——这太不公平了。生者可以通过经济补偿的办法给死者家族以补偿,而对死者的抚恤,那只能是祭祀和缅怀了。祭厉的风俗或制度,在汉朝还有存在,但以后就逐渐消失、湮没。朱元璋登基成为大明王朝的开国皇帝,重新恢复了祭厉的制度,目的是清楚的,他要对追随他打天下而阵亡的将士负责,缅怀他们的丰功伟绩,更有利于新王朝的稳定团结。

上海城隍正堂秦裕伯

元至元二十九年(1292年)上海建县,当时上海还没有自己的城隍和城隍庙,但有两处被尊为城隍庙的地方,一处是"淡井庙",后人认为这是松江府城隍设在上海的行祠,另一处就是金山城隍设在上海的"霍光行祠"。当朱元璋下令全国县级和以上的城市必须建城隍

旧明信片上的上海城隍庙

庙和厉坛时,上海也必须尊一人为城隍,并建造城隍庙。今存的《弘治上海县志》是上海最早的地方志,文字简洁,但还是记录了城隍庙,说:

> 城隍庙,在县西北长生桥西。永乐间,知县张守约建。岁久圮毁。天顺元年,知县李纹重修,前建仪门,刻谕文于石。谕文者　国初所封显佑伯诺也。洪武三年　诏去封号,止为木主,题曰"上海县城隍之神"。

前面已提到,朱元璋下令全国建城隍庙时,县城隍一律封为"显佑伯,秩四品",所以,《弘治上海县志》提到的"显佑伯"就是上海城隍,并没有明确表示这位"显佑伯"就是上海人秦裕伯,但明确说明,上海城隍庙是明永乐间上海知县张守约建的。

秦裕伯家世和故事

秦裕伯是江南名人,官元福建行省郎中,《明史》有传,历年的《松江府志》、《上海县志》、《南汇县志》有传,其事迹还散见于古籍文献之中,各本除少部分记录略有差异,但大多一致,我还是抄录明嘉靖十三年,上海秦氏十三世孙秦钿辑《淮海宗谱家传》中的记录:

先生行荣一派寿五,讳裕伯,字景容,号葵斋。颖悟绝伦,聪明博达,学贯天人。幼从父仕于元都,肄业胄监,登第累官福建行省郎中。元末,弃官隐居上海,养母唐氏太淑人,以孝闻。时张士诚据姑苏,遣人招之,拒门不纳。乙巳岁(1365年),母殁,殡于二十一保。吴元年(1363年),太祖高皇帝自天民起兵,勘定祸乱,闻裕伯贤明刚直有道,三遣中书,赍檄以礼请,裕伯遣弟亨伯上中书丞相书,略曰:某受之爵禄,于今背之而起,是不忠也;母丧不终,忘哀而出,是不孝也。不忠不孝之人,何益于国。又曰:求为箕山之民,以乐太平之世,受赐多矣。上乃手书曰:"海滨之民好斗,裕伯智谋之士而居此地,苟坚守不起,恐有后悔。"先生曰:"是皆已甚迫,是可以见矣。"遂拜书入朝。上命,官以待制,不拜。竟以母制辞,得遂所请。然则君义臣忠,可谓两得之矣。既归,葬母于上洋之浒。其仕元朝能自振奋,弹压权贵,劾佞邪而置之法,一拂意则浩然引去,身退而名益高。惜乎!顺帝不能大用而卒至于亡国也。噫!先生于政体风俗之大,罔不周知,刑狱、水利、兵戎、人物之务,目击而身试,其敛而用也,有余力焉。年既衰,而耳目聪明,筋力不倦,高谈剧饮之暇,手不择卷,平生所著意见,及典籍、格言,历代奏议,日取而阅之,虽兴寄冲漠,而爱君忧国之念犹耿耿不能忘也。昔文潞公以太师致仕,复起而归,年过九十,史称国家隆盛之时,其大臣必有耆艾之福。推其有余,足庇当世,先生之风声、气节、高年、盛福,大略近之。然而三辞宸翰,不事二君,忠于元帝,孝于慈闱,吾无德而称焉。距生于元贞二年丙申六月十二日,卒于洪武六年癸丑七月二十日,享春秋七十有八。配储氏,淑人无出。夫妇合葬于长寿寺之西隅父茔之昭。

上海的秦氏可以追溯到北宋著名诗人秦观(少游),世居杨州,故家谱称《淮海秦氏》,秦裕伯是秦观的七世孙。北宋末年,金兵南下,南宋迁都临安(今杭州市),秦观的五世孙秦知柔带着弟弟知立、知彰,举家南迁,秦知柔定居上海,秦知立定居赵屯(今上海市青浦区赵屯),秦知彰居九团(今浦东新区川沙一带)。元元贞元年(1295年),在浙东宣慰使费窣的提拔下,秦知柔获得"中书行省儤使兼廉访使"的小官,他死后

"葬上海县二十七保淡井庙北",费窑的女婿,著名书法家赵孟𫖯参加葬礼,还题书"元处士节孝先生秦公之墓"碑,后人又误以为该墓是秦裕伯墓,或秦裕伯的墓也在淡井庙,于是,淡井庙才被后人认为是松江府城隍在上海的行祠。秦知柔的一个儿子叫秦良颢,字信甫,号述斋。当时,元朝政府在汉人中推广蒙古学,秦良颢就北上大名府学习,成为蒙古学专家,著有《纂通》《一贯》《吹万集》,死后葬"上海县长人乡长寿寺西"。秦良颢生有二子,长子秦裕伯,次子秦亨伯。秦裕伯从小随父亲在大名读书,元至正四年(1344年)考取进士,因为他是以大名的名额考取进士的,所以《明史·文苑传》中讲"秦裕伯,字景容,大名人",《明史》的记录又被其他史籍引用,于是,秦裕伯是上海人还是大名人就成了争议的问题。

上海的秦氏几代为官,就成了上海的望族。元朝末年,秦裕伯的许多建议未得到朝廷的采纳和重视,而他的母亲也年老多病,于是他辞去了"福建行省郎中"的官职,不久他的母亲逝世,他就在家里守孝。元末,张士诚占据苏州自称吴王时,希望秦裕伯去做官,被秦裕伯拒绝了,当朱元璋登基做了皇帝时,引起其他农民军的不满和反对,于是,朱元璋又调集军队镇压农民军,迫使许多农民军转移到近海及岛屿上而成了"海盗",为了继续围困、围剿海盗,朱元璋下达了十分严厉的"海禁"令,就是禁止在中国近海开展航运和贸易,禁止近海渔民下海作业,甚至强迫沿海居民迁到离海三十里外居住,而秦裕伯是元朝旧臣,还是上海的望族,他很容易被别人利用而成为反对朱元璋的一股政治力量,所以才会强迫当时已经七十二岁高龄的秦裕伯离开上海,到京城做官。

《秦景容先生事迹考》是秦氏后人、上海名绅秦锡田辑录旧志、文献的著作,非正规出版物,印量很少,存世不多,书中收录了朱元璋三次御制礼请秦裕伯的信,和秦裕伯三次回复相国的信,不妨抄录第一次双方往来信件全文如下,明太祖高皇帝御制礼请前元臣秦裕伯书:

> 朕昔太平时不过淮南一寒民耳,忽遇壬戌岁案,戌应作辰,壬辰为元至正十二年,明太祖从郭子兴之岁也。天下妖人横起,为妖人拘入濠城。彼时身为缁流,编入队伍,当是时罔知王业之事何如,不过苟全性命而已。因元之官军久而不振,吾乃弃妖自拨,不数年,东渡江左,集众颇多,调兵四出,殄灭假元群雄。今年,两广半归,八闽遂定,齐鲁尽为我有。兵攻汴梁,又取河洛。其称帝号,吾欲不为,奈海滨之雄,纷纷者甚,各不知其所为,徒尔损民。我思中国之事,既元运倾颓,久无主人,我本中国之士,故立号纪年,率中国之人,逐胡元,肃清华。然兵足食足,匡辅者少,人言裕伯刚明有道,故遣人询问有否,今既知其所在,特遣人礼请,若慨然一来,助我道理天下之人民,岂不幸甚。如书至而不起,可移居,则利其海滨之民好斗,裕伯居于此地,恐有累焉。裕伯思之,此书吾之肺腑。不识诗词,皆自言者,并无儒者之替词。

"人生七十古来稀",古人寿短,七十岁早已为暮年老人,朱元璋不认识,也不知道有一位叫秦裕伯的上海人,只是听人介绍才知道他是元朝旧臣,虽然,朱元璋初登基,需要有识之士匡助,但还不至于要高龄的元朝旧臣帮忙,他之所以强迫秦裕伯进京,就是担心秦裕伯"利其海滨之民好斗,裕伯居于此地,恐有累焉"。

当然,秦裕伯也深知朱元璋"醉翁之意不在酒",于是上书相国,说:

> 有元孤哀臣子秦裕伯稽颡奉呈中书相国阁下:松江府承奉钧劄,备奉皇帝以礼敦请裕伯诣中书省者。裕伯,大名路人。幼随先人仕宦京师、叨充国子生员,侥幸登第,累受元朝爵禄,挈家寓扬州。至正十四年避地来居松江,老母唐氏,年及八十,其时平江张氏(指张士诚)两次遣人招贤,固辞不允。闻朝廷改除延平路总管、浙省达丞相便宜除理,问官俱不曾到任。乙巳岁至正二十五年十月十八日,老母弃世,旅殡于上海县长人乡二十一保。依制丁忧。今承来命,以礼敦请,故敢以礼自辞。伏念裕伯承元帝爵禄二十余年,今即背之而起,不忠也,身有母丧,未及终制,忘哀而出,是不孝也。近睹皇帝朝廷,自天民起兵,戡定祸乱,以仁义开国,以忠孝取人,今兹访求人材,讲论治道,将见淮、江之南,民物各得其所。某亦治化中之物耳,又且不才多病,使得苟安畎亩,训诲子弟,力田供赋,长为箕山之民,共乐太平之世,受衣食之赐多矣。若乃背恩忘亲,觍面求达,不惟为明执事者所弃,吴王(指朱元璋)英明远虑,必且深恶而诛之,以为维新臣子之戒。兴言及此,惶愧无任,谨遣弟亨伯持状上告,伏望阁下俯赐矜怜,持以鄙诚上复吴

王殿下,倘遂所请,不甚幸甚,即有罪责,亦安敢逃,心虑荒迷,文疏意拙,伏维钧亮海涵不具。

秦裕伯也深知朱元璋的意图,所以他首先表白,自己并不是上海本地人,而是大名人,长期居京师和扬州,很晚才在上海定居,在上海本地无甚关系,又称自己是元朝旧臣,如今再投靠新皇帝,是一种不忠的行为,而母亲刚去世,按礼制应该守孝三年,如今出来做官,就是不孝,这种"不忠不孝"之人,能对社会作出什么贡献呢。但是,秦裕伯还是被朱元璋"请"到了京师,只是被"软禁"而已,仅过了三年,大明王朝基业已稳,沿海的骚乱得到控制,朱元璋就把秦裕伯"放"了,又过了三年,即明洪武六年(1373年),秦裕伯在上海家乡逝世。

在秦裕伯逝世前三年,即明洪武三年(1370年),皇帝已诏告天下,县一级的城市必须建城隍庙,有了城隍庙,还得配上一位"城隍正堂"。秦裕伯是当时上海最有名望的人,在元朝就官福建行省郎中,朱元璋登基后,还三次御书敦请他到朝廷做官,那可是不得了的大事,于是,他逝世后就被上海人尊为城隍。而民间还有一个传闻,就是朱元璋认为,秦裕伯"生不愿为我臣,死当为我卫",就封秦裕伯为上海县城隍,这只是一个有趣的故事而已。

秦裕伯是明洪武六年(1373年)逝世的,上海城隍庙是明永乐元年(1403年)建造的,实际上已弄勿清,上海是先有城隍神,后来造了城隍庙,还是先有城隍庙,后来人们尊秦裕伯为上海城隍。这些问题不大,反正,上海城隍就是秦裕伯。

浦江镇的上海城隍故里

本书原计划没有这一节,就在撰稿时,2014年4月10日,我出席在闵行区浦江镇的一个关于新发现的"奚家祠堂"的保留还是拆迁的会议。浦江镇的召稼楼地区已被列为上海市历史风貌保护区,召稼楼也已成为上海郊区的旅游景点,观光客不少,那里还亮出了"上海城隍故里"的牌子,确实,今浦江镇就是上海城隍秦裕伯的故乡,他和他的父母,以及他的后人就葬在那里,那里还有许多与秦裕伯有关的遗址和故事。

黄浦江流过奉贤与闵行接壤的闸港后改向东北流,把原上海县分割为浦西和浦东,清雍正二年(1724年)分上海县的东南境置南汇县,嘉庆十年(1805年),又析上海县的东北和南汇县的部分置川沙县,于是,上海县在浦东的土地只有沿黄浦江的一块很狭长的地块。解放后,该地块的北片分别属于南市区、黄浦区、杨浦区,只有南片陈行、杜行、鲁汇三个乡(镇)仍属上海县,人民公社化运动结束后,1984年恢复陈行、杜行、鲁汇三个乡,1993年撤乡建镇,分别设立陈行镇、杜行镇、鲁汇镇。1993年,将原川沙县全境和原上海县三林乡,以及南市区、黄浦区、杨浦区的浦东部分建立浦东新区,2009年,又将原南汇区的全部并入浦东新区。

2000年,撤销陈行、杜行、鲁汇三镇,合并成立浦江镇,隶属闵行区,而上海秦氏宗族的主要分布和活动区域就是原来的陈行、杜行两乡(镇)。

上海秦氏的先祖可以追溯到北宋著名诗人、文学家秦观(少游),当时居江苏高邮。南宋末年,战乱不已,秦观的第五代孙秦知柔带领弟弟秦知立、秦知章渡江南下,其中秦知立定居今青浦赵屯,秦知彰定居"九团",即以浦东新区川沙城厢镇的北面近海一带,而秦知柔定居"沪渎",他死后葬"淡井庙北",而"淡井庙"的具体位置就在今天永嘉路12号,大概,秦知柔就定居在此附近一带。

秦知柔到上海后得到元提举上海市舶使费袭(字长寿)的提携,"江浙中书行省僚,兼廉访使",相当于省里的办事官吏。他的长子叫秦良显,出任鹤沙(即今浦东新区下沙)盐场的盐税,于是举家迁到了下沙,他逝世后也葬在淡井庙父亲的墓边上。秦知柔的次子叫秦良颢。元朝的统治者是蒙古族,于是在全国推广蒙古学,元贞元年(1295年),秦良颢赴大名府游学,学习蒙古学并成为蒙古学的专家,著有《纂通》、《学贯》、《吹万集》,时人称"南北人为蒙古学者,无出公右者",后来他任国子监学录,浙西擢蹉使等职,葬长寿里。

秦良颢的长子就是秦裕伯,字景容,号葵斋,生于"元贞二年丙申六月十二日",他的父亲秦良颢是"元贞初"赴大名的,而元贞只有三年,应该讲秦裕伯就是父亲去大名的第二年诞生的,所以,古籍和文献中,有的说他是"大名人",有的说他是"上海人",这就容易理解了,中国古代的户籍管理十分严格,但对于籍贯的制度并不健全,直到今天,仍是如此。秦裕伯在至正四年(1344年)以大名府举人的资格考取进士,这一年他四十八岁,一度任山东高密知县,在高密建立县学,建设城墙,政绩不错,不久就升福建行省郎中,也是一个不小的官职。元朝末年,政局动荡,社会混乱,他听说朝廷要调他任延平路(治今福建南平),他不想去,他就称自己的老母已经八十岁了,要回家照顾母亲,至正十四年解职归田。以后的事已见于前文,不赘述。

明《万历上海县志》把秦裕伯列入"流寓传",就是客寓上海的人,用现代的语词表述就是"新上海人",这主要是他以大名的学籍考取进士的原因,实际上,他的祖父秦知柔已经在上海定居,并在上海置产,他应该为"上海籍"。《县志》还说秦裕伯"卒于洪武六年癸丑七月二十日,享春秋七十有八。配储氏,淑人无出,夫妇合葬于长寿寺之西隅父茔之昭。"不过,根据《淮海秦氏宗谱》的记录,秦裕伯生有一子,早年夭折,他还有女儿,但古代把女儿视为"外家人",不列宗谱,不入祠堂,所以《县志》称其"无出"也是对的。由于"长寿里"或"长寿寺"地名早已湮没,无从查考其确切的位置,不过,秦氏的后人世居当地,对秦裕伯墓的大概位置还是清楚的。《嘉庆上海县志》中记:

元淛(即浙)西榷醝使秦良颢墓、子陇州知州裕伯,次子亨伯祔在二十一保二十八图长寿里。万历九年,敕墓田二亩二分五厘,免科。

秦氏墓占地二亩二分五厘,约等于一千五百平方米,面积还是较大的。秦氏后人秦锡田纂《秦景容先生事迹考》中有自己的一段说明:

> 同治壬申开筑墓道,于土中得石人二、石虎二、石羊二,因重立墓前。《明史·礼志》:一品二品,石人二,虎、羊、马、望柱各二。先生官止三品治书侍御史若知州,则仅五品耳,不应有石人,岂当时用伯爵之礼耶县城隍神封显佑伯。墓无杂草,茅长如带,乡人名之曰"黄泥坟",不敢樵牧焉。

到了清同治十一年(1872年),秦氏宗族重修秦裕伯墓,在开甬道时在地下挖出石人、石虎、石羊各一对,秦裕伯官位实际只有五品,而明朝制度,只有一品二品官的墓上才可以用翁仲,所以他估计,秦裕伯是上海县城隍,而县城隍的封号是"显佑伯",套用了"伯"的爵位,他的墓上才可以使用石人。此推断是正确的。

在修秦裕伯墓时,还建了"秦公祠",秦氏还向上海县请求为秦氏墓和祠撰写碑文,时任上海道的沈秉成(他是已故书画家沈迈士的祖父)写了碑文,碑就在秦公祠的西面壁上,碑文稍长,仍抄录如下:

> 巡道沈秉成重修长寿里秦公墓祠记:癸酉秋,长寿里秦公祠落成,门下士秦端奉公事实,求为记。余既应之矣。嗣来谒谢,并述公墓之在长寿里,与公祠之所以建者甚详,复求补叙始末,以示将来。谨按,公墓在上海之二十一保二十八图,中祔葬故原国子

监学录、浙西榷醝使、公父良颢墓之左,其右祔公弟亨伯,为公上辞聘死者也;公子世隆,又于其侧另葬焉。前《上海县志》误以西门外淡井庙后故原中书省僄直使,公祖父知柔墓为公墓。而长寿里之墓,自明迄今,未有议修之者。辛未秋,端偕族人以修墓请于前署上海县知县陈君其元,陈君甚韪之,并许倡捐,建祠以守墓。时余奉命观察斯土,方下车,陈君亦为之请,比其去任叶君廷眷继之乃蒇事。计构祠宇三楹,益以门房厨厩八楹,中奉公位,左则追奉公父,祔公弟、公子。墓前立神道,墓阡复得旧翁仲像于土中,并建立如例。公墓田二亩四分,明嘉靖间免科,今增置祠田二十七亩八分。东西界路、南北界河,凡糜金钱六千余缗。上海自官及绅商皆踊跃捐助,创建者,陈、叶两令也,总理者,邑绅贾履上、江承桂、叶茂春、梅益奎也,始而请修,继而督工者,端率族人国佐、樑及诵蕺、绣彝、荣光、乃歌也。例得具书其捐输姓氏,备载他石。是役也,非两令之慕古好义,则未必应端之请,非诸绅商之协力,则未必能速成事,固有相得益彰者。端不肯隐人之赐,诚不可无记,故复叙之如此。同治十又三年三月穀旦。

苏松太兵备道归安沈秉成补记

娄县沈铦顿首拜书

在秦公祠还有上海道沈秉成,署理上海县知县陈其元,前任署理上海知县叶廷眷书赠对联,依次为:

> 淮海旧簪缨辅世长民莫如德
> 沪淞钟间气聪明正直谓之神

> 三诏起孤忠大节躬完青史莫名留此恨
> 一门皆杰士荒邱骨闷丹忱不泯列为神

> 庙祀沪江崇忠义成神百世枌榆犹被泽
> 家声淮海旧英贤接武一门桥梓尽知名

据称,浦江镇在召稼楼古镇新建了秦公祠,不知他们是否重刻了这些原秦公祠的碑和联。另外,秦裕伯墓的那些石人、石虎、石羊,不知是否尚有遗物或遗迹存在。

秦荣光,字炳如,号月汀,是秦氏后裔,清末名绅,致力于上海教育、慈善事业,也是上海史学者,著作甚丰,其《上海县竹枝词·人物》中说:

> 张氏招贤造海滨,两番力拒节伸臣。
> 亲题桥字长浜口,地以人名迹不湮。

作者原注:"周浦塘北岸,长浜口上石梁曰'大通',公所手题,至今其地称'裕伯题桥',俗讹俞伯奇桥。见陆深《豫章漫钞》。音之转也。"陆深是明弘治进士、史学家和文学家,官掌翰林院印,著作甚丰,今上海浦

东陆家嘴即以陆深宗族世居此地而得名的,其《豫章漫钞》是这样讲的:

> 近之秦监生钿,家收有裕伯上中书草,云其闸港住宅,即秦裕伯故居。初有"敕书楼",被毁,叩其始末,两家子弟多不能详。钿云,裕伯竟不出,而不知其尝为翰林院学士,又为翰林院待制备顾问,又为治书侍御史,岂皆非世嫡耶!亦沦落于齐民而忘其先耶。按,裕伯在元时已有盛名北方,文章多出其手,今间见于元文类中,当时必有成集以传,俟访之。若吾邑志,题曰"流寓"。今闸港有"裕伯题桥",讹而呼为"俞伯奇桥"云。

到了明朝中后期,浦东还有不少与秦裕伯相关的故迹和事迹,但大多已讲不太清楚了,但在周浦塘的长浜处有一"大通桥",秦裕伯为桥题写了桥名,于是该桥也被叫做"裕伯题桥",但到了陆深的年代,人们也不知这是秦裕伯亲题的桥,就讹为"俞伯奇桥"。这座桥后来被冲走了,"明嘉靖庚戌里人吴钫改建",但"大通桥"仍使用秦裕伯手迹。在陈行镇仍有一个叫"题桥"的地名,就是以"裕伯题桥"而得名的。希望它能列入历史地名名录而得到保护。

上海城隍庙

上海历年的方志对于城隍庙均有记录,现引清《同治上海县志·卷十·祀祀》的记录:

城隍庙,初,奉神于淡井庙。明洪武二年,诏封天下州县城隍庙神为显佑伯。永乐间,知县张守约以霍光行祠改建为庙,在县西北。天顺间,知县李纹刻文于石,筑亭殿前。嘉靖十四年建坊知县冯彬记略云:岁乙未,冯子至海上,例得谒庙,庙故有门,甚隘,司庙者建坊一座,请题,因命之曰"保障海隅"。时有永嘉幼童善大书者至,命书之。万历三十年,知县刘一焌重建。三十四年,知县李继周重建。国朝康熙二十二年,知县史彩休、住持杨兆麟建鼓亭二所。雍正十三年,住持募修。乾隆十二年,寝宫毁,知县王侹重建。五十九年,道会葛文英募建后楼。嘉庆三年,复新大殿,两庑列二十四司,仪门外及殿西偏为四司殿基十二亩六分,免科。道光十六年,西庑及戏楼毁,众商重修。同治四年,知县王宗濂重修。七年,巡道应宝时倡捐大修。

有司塑望拈香宣讲，乡约并祈晴祷雨于此。

上海城隍庙是明永乐年间在原来的霍光行祠的原址上建造起来的，以后历年毁，又历年重建、扩建，使它的规模越来越大，附属的神殿也越来越大。俗话曰"请神容易送神难"，我本人是上海道教协会的常务理事，记得20世纪80年代上海道教协会恢复宗教活动时，一些道观归还协会，但庙里没有老爷也不行，于是各道观的道士们到上海各处收罗神像，但不少请进来的神像根本不知其为何路神仙，无法立像，也不能随意抛弃，只得专门设立仓库"供"这些老爷。同样，霍光行祠里供的霍光也是一位神，人们不能拆旧庙建新庙时把霍光神也废了，如真的

清嘉庆年间绘城隍庙求雨图(局部)

有神灵,霍光神一光火,真的会给上海带来灾难,所以,上海城隍庙里供着二位城隍老爷,根据中国礼制——"新鬼大,旧鬼小",这本来适用于丧制,"人死曰鬼",人们在祭祀祖宗时就参照这一原则,就是离生人时间越近的"新鬼"为大,而已逝世很久的"老鬼"为小,同样,霍光神是"老鬼",秦裕伯为"新鬼",于是,秦裕伯为上海城隍正堂,供在正殿,霍光神是"老鬼",就屈居在偏殿,当然,上海的城隍庙里供两位城隍,"一庙二城隍"也成了上海趣事轶闻。不过,《嘉庆上海县志》在"遗事"中讲:

> 俗传前殿为霍,后殿为秦。《沪城备考》云:'霍系石像。'今考其像,实脱沙所制。

至迟在清嘉庆时,上海城隍庙应该为"前殿为秦,后殿为霍",否则,作者就不会讲"俗传前殿为霍,后殿为秦"之类的话,并把它放在"遗事"中。文中讲的"脱沙"又作"脱活",据元末明初陶宗仪《南村辍耕录·卷二十四·精塑佛像》中讲,这种塑像之法是元朝的刘元首创的,采用了"阿尼哥国"的塑像技术,就是:

> 漫帛土偶上而髹之,已而去其土,髹帛俨然像也。昔人尝为之,至元尤妙。搏丸又曰脱活。京师语如此。

这种工艺相当于今福州的漆器工艺品"脱胎",就是先用泥土塑像,再把质地细腻的丝绸覆到泥胎上,涂上清漆,再覆上一层丝绸,再涂上清漆,将原来的泥胎打碎、取出,就可以得到分量轻,牢度高的精美的像,就是"脱沙",更准确的名称应该是"脱纱"。现在上海城隍庙仍供有霍光神像,就是用现代工艺的"脱纱"。

前面引用的《明史·礼志三·城隍庙》中有这样的记录:

> 又令各庙屏去他神。定庙制,高广视官署厅堂。造木为主,毁塑像,舁置水中,取其泥,绘以云山。

就是讲,城隍庙建筑的规格与当地的衙门建筑相同,庙里只供城隍正神,其他原先有的泥像,可以放入水中和成泥浆,再用来作为庙里的彩绘。至于城隍正神也不必塑像,可以"造木为主",也就是用木头做一牌位就可以了,所以,《弘治上海县志》中讲,上海城隍庙里没有城隍神像,而只是一木主,上面写着"上海县城隍之神"。至于上海城隍何时才有神像,似乎没见到著录。

"司"有主管某方面职责之意,又可指某些官署、政府机构。《同治上海县志》中讲,城隍庙大殿前的两庑设"二十四司",它们相当于县政府下设的具体办事机构,至于这"二十四司"分别是什么"司"就不清楚了。大概到了清末,这"二十四司"就被各式各样的"星神殿"取代了,我会在下面作交代。"仪门外及殿前西偏为四司",这"四司"有记录,那就是高昌司、长人司、新江司和财帛司,这"财帛司"相当于地方的财政局,负责地方的征税和资金使用,是一个重要的部门,清代上海县下设高昌乡和长人乡,在城隍庙大殿前设"高昌乡"和"长人司"也可以理解,那个

41

"新江司"就有点莫明其妙了。上海是元至元二十九年(1292年)分华亭县东北高昌、长人、新江、北亭、海隅五乡建上海县的,到明万历时(1573—1620年),又分上海县西面的新江、北亭、海隅三乡和华亭县的两个乡分置青浦县,也就是讲,明万历以前上海县下辖五个乡,万历以后上海县实辖两个乡,为什么上海人会把曾经属于上海,后来不属于上海的"新江"也纳入城隍庙的四司之一,难道当年分县时也有过"领土"和"主权"之争吗。据说,高昌司神是石万彻,封号永宁侯,长人司神是黄歇,封号春申侯,新江司神是蒋芳镛,封号海崇侯,财帛司神是杜学文,封号护国公。当然,这些人名大多系杜撰,不必实有其人。

上海邑厉坛的考证

城隍庙相当于阴曹地府设在阳世的一个衙门,主管等同于这一地区的阴世的事。城隍庙与厉坛是相配套的,城隍最初的职权和职能就是在每年的清明,中元(七月十五),十月朔到厉坛抚恤阵亡将士,按抚无家可归的冤魂野鬼。

坛是古代为祭祀而建的土台,古代,国家或军队会盟也会设坛,以表示郑重。《说文解字》:"坛,祭场也。"段玉裁注:"场有不坛者,坛则无不场也。"就是讲,古代的坛一定会有一个很大的广场,可以容纳足够多的参加祭祀的人群。坛最初可能只是一个用土堆起来的土台,当其成为一种专门的宗教场所后,坛的建筑样式就有了制度,即规定的样式,如北京的天坛、地坛、先农坛等,厉坛只是坛的一种而已。"鬼有所归,乃不为厉",坛是专门祭祀无祀鬼神的场所,古人以南为阳,北为阴;人为阳,鬼为阴,所以,当年朱元璋诏告天下,建造厉坛时就规定,邑城的厉坛应该建在城市的北面。明《弘治上海县志·卷四·坛壝》中记:

> 邑厉坛,在县治北。洪武三年七月,知县张平置。

还讲:

> 乡厉坛,每里一所,计坛共七百三十所。洪武十五年置。

明朝初年,上海县的面积估计为一千平方公里,而建有"乡厉坛"多达七百三十所,也就是约一平方公里就会有一所厉坛,这些坛逐渐消失,许多厉坛就成了地方的"土地庙",而"邑厉坛"只有一所,建在"县治北",以后历年修的《上海县志》均有记录,也只有在"县治北"之类的简单说明。《同治上海县志·卷十·祠祀》中的记载稍详,说:

> 邑厉坛,旧在县北。明洪武三年建。嘉靖二年,知县郑洛书重修。今其地为西人租去。每岁清明、中元、十月朔,县牒城隍神诣坛赈济,权于西门外同仁辅元堂义冢庐舍举行。同治七年,社稷坛既迁,乃以旧基改建厉坛,正屋五楹,东西厢各三楹,外为垣,公捐兴复。

鸦片战争中,中国与英国签订《南京条约》,上海为五通商口岸之一对外开放,1843年11月17日上海开埠,1845年,英租界在上海北郊,洋泾浜(延安东路)北岸建立,1849年,法租界在洋泾浜南岸与上海城濠之间的狭长地块上建立,那个位于上海北郊的"邑厉坛"被划进了租界,《同治上海县志》只讲"邑厉坛""今其地为西人租去",并没有讲是英租界租去还是法租界租去,更没有表述"邑厉坛"原来的位置,于是,后人更讲不清楚了。1845年,为在上海建立英租界,上海道与英国领事订立了一份《上海租地章程》,对租地内英国人的权利、义务和必须遵守的制度作了规定,《租地租程》也被视为租界建立的依据和法律文本,同时有中、英文本,可惜,中国政府对于档案保管很不严肃和严格,大概在辛亥革命期间,中国政府保管的这份《上海租地章程》的中、英文本均丢失了,20世纪30年代,上海通志馆才从当年英文《字林西报》刊登的章程全文重译出中文本,重译本在内容上不至于会有太大的出入,但文字和措辞不可能完全一样,重译本《章程》第四条中说:

> 租地之内,原有公路,嗣后或因行人挤拥,难免争执、口角等事发生。兹决定须另筑一两丈宽之路,此路须在江之西,小河之滨,北起于冰厂之公路,与军工厂毗连,南迄于洋泾浜岸红庙之西。惟该地须租定,道路须完成,双方须商定何路当改,而以通告布告周知。在新路完成以前,不许行人往来。又军工厂之南,东至头摆渡(Towpa-Too Ferry)之码头,原有一公路,兹定该路应有两丈之宽,以利行人。

该条文中提到"洋泾浜岸红庙"。上海确实有一座俗称"红庙"或"虹庙"的土地庙,而且是近代上海知名度很高的庙,坐落在南京路上,我也不知多少次地去过"红庙"。清末出版的《图画日报》中绘有"红庙",

配画文讲:

> 保安司徒庙俗呼"虹庙",在昔为町沟浦庙,盖其地昔时名町沟浦,见郏亶《水利志》。自道光间中外通商,该处划入英租界后,西人名之曰"南京路",即"大马路"。庙仅三楹两进,规模并不壮丽,而烧香者极盛,以北里青楼中人大半崇信之故。每逢朔望及佛诞等日,几于户限为穿。正殿祀观音偶像,两庑祀城隍、土地神。闻国初时,乡民咸报赛于此。至东廊之星宿殿,则为庙祝添建,以星宿为人人生命所关,易为愚夫愚妇争往进香也。

所谓"司徒"就是"司土",即掌管土地的官,古代与"司马"、"司空"合称"三公",是中央政府中最大的官,而"司徒"用于庙宇,"司徒庙"就是"土地庙",全国许多的土地庙会被叫做"司徒庙",仅上海一隅之地,旧时称之"司徒庙"者不下十几处,这些大多是古代"乡厉坛"演变过来的。当然,重译本《上海租地章程》中提到的"红庙"不会与南京路上的"红庙"有任何关系。

已故上海博物馆副馆长汪庆正先生是一古瓷专家,但对上海历史十分关注,大概十几年前,汪先生在英国大英博物馆获悉,该馆藏有1845年《上海租地章程》中文本和英文本原件,遂委托他们拍照后带回上海,我见过照相件的中文本,内容与重译本基本一致,但原件中,重译本的"红庙"清清楚楚地写作"厉坛",我没有查阅英文本,估计,原英文本把中国的"厉坛"译作"Lee Temple"或者"Led Temple",而重译者不知道上海北郊被西人租去的"厉坛",遂误译作"红庙"。我们根据1845年《上海租地章程》就可以找到"邑厉坛"的位置。这个厉坛在英租界的"洋泾浜岸",那它一定在今天的延安东路北侧,《章程》中提到的"兵工厂"实际上是清朝上海设在苏州河南岸的一个兵船修理厂,在今天的江西中路苏州河边;古代没有机器制冰厂,上海在黄浦江和苏州河边建有不少天然冰厂,在寒冬腊月,把江水抽到沿江的水池中,靠寒冷的气候和风使水冻成冰,再

大英博物馆收藏的1845年《上海租地章程》中,明确记录了"厉坛"

将冻成的冰储藏起来,清末《图画日报》绘有"挑冰"图,配画文说:

冰厂替挑冰,浜头日日临。
担中冰片片,篮底水淋淋。
坚冰乃由薄冰结,易篮履霜堪警惕。
所以古人杜渐更防微,如临薄冰心惕惕。

在今江西中路的苏州河边,与"兵工厂"相邻处就是一处"冰厂",在稍早的上海地图中还能发现,今天从香港路通往江西中路460弄的一条小路就叫"冰厂街",它就是以原来的"冰厂"得名的。旧时讲的"公路"

是指"公家的路",就是"官路",《章程》中讲:"此路须在江(吴淞江)之西,小河之滨,北起于冰厂之公路,与军工厂毗连,南迄于洋泾浜岸红庙之西",可以断定,这个厉坛就在今天的延安东路与江西中路相交处的东北角。

豫园与城隍庙西园

进入清代以后,城隍在中国道教诸神中的地位越来越高,几乎所有的城镇,城隍庙就成了一个地方的宗教、风俗,商业活动的中心,是最热闹的地区,于是,与各地城隍庙一样,上海城隍庙不断地扩建、重建,形成规模。清康熙四十八年(1709年),城隍庙购进庙东的二亩多土地建"内园",以其在庙东也被叫做"东园"。朱元璋登基做了大明王朝的开国皇帝,为了围剿和镇压海盗,颁布了极为严厉的"海禁"令,禁止在中国近海开展航运和贸易,"海禁"政策贯穿了明朝和清初的三百余年,元代发展起来的上海港衰落了。清康熙二十二年(1683年),清军收复台湾,标志沿海反清武装被肃清,两年后,康熙皇帝颁"弛海禁"令,结束了中国三百

城隍庙湖心亭

余年的海上禁运、封锁政策,上海港获得新生。中国习惯上以长江入海口为界,把以北的海面叫做"北洋",以南的海面叫做"南洋",北洋依托的陆地是华北和华东平原,千万年来黄河夹带着大量的泥沙在北洋注入大海,受潮汐的影响,泥沙在入海后即沉淀下来,使北洋近岸形成了绵延几十里甚至百余里的滩涂,涨潮时滩涂被海水淹没,退潮时滩涂露出水面,只有上海制造的沙船和山东制造的卫船(据说"卫"原是驴子的别称,山东多驴,故山东也被叫做"卫"),凭借平底浅船的优点可以穿梭于北洋中,一旦搁浅,不至于翻船,可以等下一次涨潮时继续航行。南洋依托的陆地是浙闽的丘陵和山地,沿岸多山崖岛礁,水深浪急,只有浙闽制造的深水船才能在南洋航行。换言之,从北方南运的沙船、卫船必须进上海港,换装浙闽的深水船才能继续南下,同样,从广东、福建、浙江北运的深水船,也必须进上海港改装沙船、卫船后才能继续北上。当然,上海位于长江口,水运沿长江可以进入中国腹地,江南是水乡,也是中国最富庶之地,上海又通过江南密布的水网与江南城镇沟通,优越的地理位置使上海港成为中国的航运枢纽和中心,是货物的集散地,所以当上海港中兴时,上海的钱业也发展起来,乾隆四十一年(1776年),上海钱业的同业组织——上海钱业公所正式成立,他们的公所就借用了上海城隍庙的东园。

潘姓是明代上海的望族,明末清初上海人叶梦珠著《阅世编·卷五·门祚二》中讲:"上海潘氏,始自恭定公笠江先生恩及其弟忠,并登科甲。恭定公官至御史大夫,历刑、工二部尚书。二子:长衡斋允哲,次充庵允端,并以进士官藩臬长。"潘恩是嘉靖二年(1523年)进士,曾任刑部、工部尚书,逝世后谥"恭定",他的两个儿子潘允哲和潘允端也是进士出身,上海人称潘家"一门三进士",那可是无上的荣耀之事,当然,潘家也十分富有,上海旧谚有"潘半城,徐一角"之说,极为富有的徐光启产业只是上海城的"一只角",而半个上海城的产业是属于潘家的。潘允端曾担任"督漕",就是负责漕运——"南粮北调"的大官,后因其父潘恩是工部尚书,是主官漕运的,根据古代的讳避制度,他就调任四川布政使,因与督帅不睦,就干脆辞官回家。在此之前,潘允端就将自己家的一大片菜地"聚石凿池,构亭艺竹",但他公职在身,人又不在上海,所以建园"屡作屡止,未有成绩",当他解职归田,退归林下后,就将毕生的精力花在建造花园上。据潘允端自己讲"每岁耕获,尽为营治之资",也就是讲,除了前期投入的资金外,他又把每年收租的钱也用到造园上,建园工程历时二十九年,才"园渐称胜区矣",古文中"豫"与"娱"可以通用的,潘允端称,建园的目的就是给母亲一个活动、生活的地,故取名"豫园",这是真话还是鬼话,谁也讲不清了。

《阅世编》中讲:"其后不特任子、资郎,联镳接踵,即科第亦累传不绝。孙云会,字士逢,万历己未进士。曾孙桓,字殿虎,中天启丁卯顺天乡榜,衣冠轩冕,绵衍百年。自殿虎殁后,家业渐衰。""任子"是指因父兄

清代豫园,由于豫园已成为城隍庙西园,也属于城隍庙

的功绩,得保任授予职务,"资郎"则是出钱买学位或官职,看来,"百足之虫,死而不僵",自潘允端逝世后,潘家凭借祖上的家产和余威,日子还过得挺顺利,孙子辈中还出了一个进士,但是到了明朝末年就江河日下,一代不如一代了。古语有所谓"富不过三代",随着后代的繁衍,家族中就面临析产的大问题,豫园实际上已经被潘氏后人分割后分块出卖,上海的绅士们不愿意看到偌大一个豫园的消失,最后由地方豪绅们出面,"醵金购其地,仍筑为园",估计当初的豫园占地七十余亩,而今保留下的豫园只有三十余亩。但这个花园是公众集资购买和重修的,使用和管理上就有了大问题,遂决定由出资人和上海名人组成一个"董事会",将花园重建后委托相邻的城隍庙的道士管理,以花园在城隍庙的西侧,就改称"城隍庙西园",省称"西园",由于西园的并入,使上海城隍庙的占地面积更大了。

进入近代以后,上海又发生了许多事情,首先是1853年9月7日,这一天是全国祭祀孔子的日子,称之"丁祭"。小刀会利用上海的官员们忙于"丁祭"的机会发动起义,起义军当天就生擒上海道吴健彰,刺死知县袁祖德,并占领和控制了上海县城,小刀会福建帮首领陈阿林的指挥部就设在西园点春堂内,西园也成了小刀会起义军的营房。当1855年清军镇压小刀会时,这里又成了战场,园林损毁之严重可想而知。仅几年后,太平军又发动东进,上海地方又组织"洋枪队"镇压太平军,包括西园在内的上海县城多处空地又成了"洋枪队"的兵营,花园又一次遭到严重破坏,此后,似乎没有人关心花园的重建,也难以描述西园的景致。清中后期有一位叫乔钟吴的人写了一篇《西园记》,大

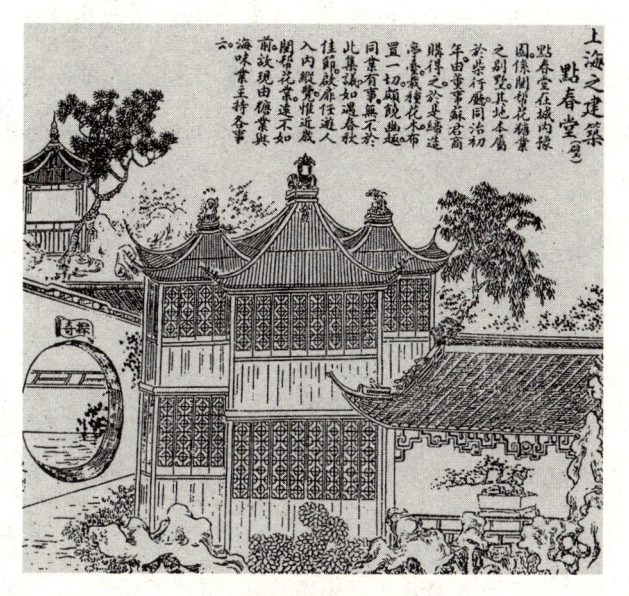

《图画日报》绘"点春堂"

致可以了解当时西园的格局,抄录如下:

> 园在庙西北,即潘方伯豫园故址。邑人购其地,仍筑为园。先庙寝之左为东园,故以"西"名之。址约七十余亩(这可能是作者抄潘允端《豫园记》中的数字,据《上海县志》记,园址共三十六亩八分九厘二毫),南至庙寝,西北两面,缭以垣,东为通衢,中辟圆门(通衢是指今豫园东侧的安仁街,原来的豫园和西园的大门是开在安仁街的,今为豫园边门),西行有石梁,系豫园之旧筑(这座小石桥后来毁了,1987年陈从周和蔡达峰博士重修豫园时重建,称"环龙桥"),溪南银杏一株,相传恭定手植。北为玉华堂,堂

前奇石屹立,即豫园玉玲珑也。西为得月楼,南达于绿杨春榭,稍东为烟水坊,自坊西行,居一园中者为三穗堂,北曰万花深处,有轩曰可乐,隆然而起者为留春坞。其东北迤逦相属者为花神阁、听涛阁。西北渡溪桥,山石突屼,径西行,北折而东,有堂曰萃秀,右仰巨山(即大假山),陟其巅,视及数十里外。自山而下,循西南行,渡小桥,复入山,由洞中环行而上,至香石亭。复下,南入洞行,有亭曰流觞处。自亭西北行,曰莲厅。厅东南筑亭桥以通西南境。东北过凝云桥,望见最高者曰熙春台。寻转而南,抵憩舫,有门曰云边别墅,有堂曰致远,楼曰涵碧、曰馨楼。南度石梁,有阁曰凝辉,从洞盘绕,南出山上,则把翠亭在焉。亭左有奇石,曰奎星,自王氏素园移此。下山沿溪而南,有厅西面,其后俯大湖,东与湖心亭相望,曰濠乐舫。度小桥,有室面北,曰绿荫轩,室后南向,曰千岩竞秀,为南尽处。自此而东,为茶墙酒墅、为清芬堂、为鹤轩亭,又东为飞丹阁、为绿汲廊、为春禊阁,至吟雪楼而胜概尽矣。

应该讲,作者的描述还是精准和清楚的,实际上,《西园记》中提到的不少景点至今还在,有些景点还有遗迹存在,只要认真阅读,还是能品味到昔日西园的景致。

城隍庙的同业公所

上海城隍庙和西园,经历了小刀会和太平军东进的战火,破坏殆尽,原来的"董事会"已经过了数十年,人去事非,再也没有人肯出钱进行维护和大修,而城隍庙的道士更忙于驱妖除鬼,也无法对西园的管理花更多的精力,西园董事会就陆续把园内建筑和地基分块出租给各同业公所。豫园萃秀堂内原藏有清同治七年(1868年)《上海县为庙园基地归各业公所各自承粮告示碑》,古代知县的勒石相当于地方的法律,起源是西园内的房基已被各同业公所租用,但租用的地基不甚明确,即由上海县派人重新

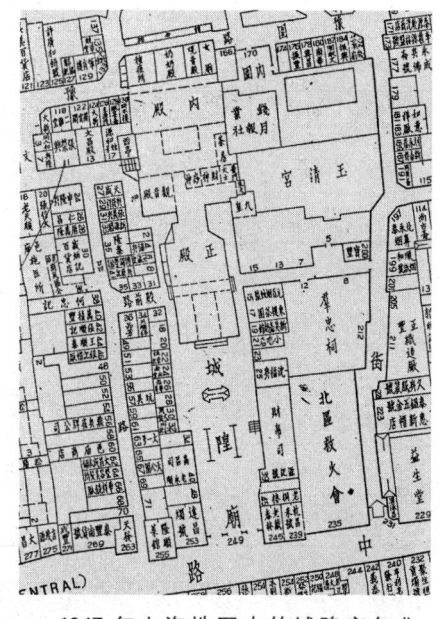

1947年上海地图中的城隍庙各业分布

丈量,划出区域,并根据实际丈量的面积交税。碑文中讲:

> 缘庙园公产向来列入官字图捐纳粮赋,现为清漕承粮等情,当饬亭者,按址查丈,即据该业等邀集各业,按址丈明,共计二十一行业,丈见基地三十六亩八分九厘二毫,与田单额数相符。

这二十一家同业公所占据的建筑及丈见土地面积如下:

萃秀堂豆业	10.753亩	钱粮厅总房	8.82亩
凝辉阁鞋业	0.548亩	船舫厅船厂	0.583亩
董事厅红班	0.975亩	龙船厅行口	0.43亩
清芬堂旧花业	1.879亩	怀回楼西房羽士	0.393亩
飞丹阁帽业	0.78亩	映水楼酒业	0.85亩
得月楼布业	1.568亩	香雪堂肉庄	1.594亩
游廊羊肉店	0.15亩	游廊铜锡器业	0.133亩
游廊银楼	0.114亩	挹爽楼乡柴行	0.415亩
世春堂铁钻业	0.574亩	点春堂花糖行	2.891亩
可乐轩沙柴业	3.44亩	湖心亭青蓝布业	1.07亩
花神楼丐业	0.336亩		

下面介绍豫园内比较特别的景点,首先是玉华堂和玉玲珑。《说文解字》:"玉,石之美。"所以,玉只是一种好的石头,次的玉就是石,而好的石就是玉,从某种角度讲,玉和石是难以区分的。豫园主人潘允端自撰《豫园记》中有这样一段话:

> 循墉东西行,得堂曰"玉华",前临奇石,曰"玉玲珑",盖石品之甲,相传为宣和漏网,因以名堂。

"玉华堂"是豫园主人潘允端的书斋,也是豫园的主要建筑,潘允端的日记叫做《玉华堂日记》,现藏上海博物馆。在玉华堂的前面有一奇石,叫做"玉玲珑",据说是北宋"花石纲"的遗物,所以就把这个厅堂叫做"玉华堂"。

北宋末代皇帝宋徽宗荒淫至极,他为了在京城兴建皇家花园,派朱勔父亲赴江南收罗天下奇石,称之"花石纲",最终,花园没全部建成,北宋王朝则倒台了。一些"花石纲"的遗物也散落民间,有的被发现后倒卖,被达官贵人建在自己的私家花园里,当其家族衰落后,又会被转售他人,所以,很难知道一些奇石的来龙去脉。据说,这块"玉玲珑"最初在浦东三林塘储昱的南园中,潘允端的弟弟潘允亮娶储家的女儿,而储昱无嗣,他逝世后部分家产由女儿继承,包括那方"玉玲珑",潘允亮家没有可放此奇石的花园,就到了潘允端的豫园中,具体时间是明万历十八年(1590年)九月十六日,此见于《玉华堂日记》的记载,潘允端在立"玉玲珑"时还拜请了神仙,举行了一定的仪式。不过,搬运时石座跌落,还伤了仆人朱贵的左脚。民间还有一说,由于"玉玲珑"的体量很大,当它从浦东运往浦西时,由于城门太小,潘允端又出资重建小南门,才把"玉玲珑"运进城里,实际上这方"玉玲珑"的体积并没有那么大,高约三米,宽和厚不会超过两米,足以通过城门,此只是民间的夸张之词而已。

玉玲珑是一方巨大的太湖石,质地就是石灰岩,因长期浸泡在水中,石灰岩部分溶化,形成周身多孔,纹理宛转,姿态婀娜,人们一般以"瘦、绉、漏、透"四种标准来衡量、评估太湖石的优劣。毫无疑问,玉玲珑按照这四个标准衡量应为上品。据说,在石座上点香,玉玲珑的每一个石孔都会冒烟,在顶上泼水,又会每一个石缝流水,于是有人作咏玉玲珑诗,有"风来万窍秋声动,雨过云烟流罅缝","石峰面面滴空翠,春阴云气犹濛濛"。我在1987年随

现存于上海城隍庙内的"玉玲珑"

从陈从周教授重修豫园东部,有机会直接面对玉玲珑,这奇石上确实有无数的孔洞,但这些孔洞大多是独立而不相通的,不见得有上述的效果。当时的豫园管委会主任董良光先生对我讲,他是20世纪50年代初到豫园的,在玉玲珑近顶端的位置镌有"玉华"二字,不知何人所书,可能由于酸雨的原因,这两个字已看不清了。豫园的"玉华堂"后来出租给上海杀猪业的肉业公所,改称"香雪堂",文人的书斋就成了屠夫的"基尔特"(guild,即同业公所),有点滑稽。至于屠夫们为什么把自己的公所取名"香雪堂",我始终没弄明白。

西方学者普遍认为大豆的原产地是中国的东北,在相当长的时期里,东北也是中国大豆的主产区和出口地。大豆除榨油外,更是豆腐等豆制品的主要原料,在全国的消耗量很大。古代运输以水运为主,东北大豆通过海运到上海,再分销到全国各地,在上海东门外与黄浦江之间形成了一条"豆市街",这里一度是全国最大的豆类交易市场。旧时,粮食交易通常使用一种叫"斛"(音 hú,民间俗称"斗")的量具。斛,方形,口小,底大,容量本为十斗,后改为五斗。所以民谚有"大斗进,小斗出"之说。粮食的交易量很大,为了贸易的公平,上海的豆业于1813年(嘉庆十八年)组织成立"饼豆业公所"(大豆榨油后余下的渣一般压成饼状,叫做"豆饼",是上佳的精饲料,也是棉花很好的肥料,清代上海是中国棉花的主要种植区,对豆饼的需求量很大),公所规定上海市场使用的斛的大小,并陈列标准斛的样式,这种斛称之"公斛",道光年间(1821—1850年),饼豆业公所迁入城隍庙西园的萃秀堂,那"公斛"也陈放在那里,于是又被叫做"庙斛";饼豆业还在那里建了一个专门的建筑,称之"神尺堂",人们对"神尺"有一个解释——"爰署其堂曰'神尺',取咫尺明神之义,以勉事神之勿怠,戒议事之或欺焉。"即这里离城隍神只有咫尺之遥,做生意一定要对得起良心,否则会遭神的惩罚。

今天的豫园西园神尺堂的墙壁上还嵌有道光二十三年(1843年)的《城隍庙神尺堂记》,字迹很清晰,游园时不妨认真一读,其中说:

维上海为阜通货贿之区,其最饶衍者莫如豆。由沙舶(船)运诸辽左山东,江南北之民倚以生活。磨之为油,压之为饼,屑之为菽乳(即豆腐),用宏而利溥,率取给于上海。其积贮贩卖之所,名之曰"行",诸同人皆良贾而业于豆者也。方今天子,柔远以德,海甸乂安,廛市日富。诸同人能世守其业,以礼义事神,明谐众志,冥冥中之阴相,宜何如哉!则斯堂与邑庙当并垂久。

人们希望自己的事业得到城隍神的庇佑,这个神尺堂至今已有一百七十年历史,建筑保存完好,倒是城隍庙自身不保,在1924年的一场大火中破坏殆尽。这才真的是"天有不测风云"呢。

三穗堂是豫园的主要建筑之一,是清乾隆二十五年(1760年)在原豫园乐寿堂旧址上重建的,当饼豆业公所迁入豫园萃秀堂后,他们的"庙斛"就放在三穗堂里,所以这里也叫做"钱粮厅",今人误以为"三穗"即"嘉禾",寓意粮食丰收,天下太平。1987年我为写《文以兴游——豫园匾对、碑文赏析》一书时,借了一把长梯爬到"三穗堂"匾的近处,匾上有题跋,讲三穗堂的建造原因和"三穗"之名的来历。原来,当初上海绅士醵资买下豫园旧址时,决定在花园建造一个文人集会,"宣讲圣谕"的场所,"三穗"之名取出《后汉书·蔡茂传》:

茂初在广汉,梦坐大殿极上,有三穗禾。茂跳取之,得其中穗,辄复失之。以问主簿郭贺。贺离席庆曰:大殿者,宫府之形象也,极而有禾,人臣之上禄也;取中穗,是中台之位也。于字,禾失为"秩",虽曰失之,乃所以得禄秩也。衮职有阙,君其补之。旬月而茂征焉。

这是一个古代圆梦的故事：当年蔡茂在广汉,做了一个梦,梦见自己坐在一座宫殿的大梁上(极的本义是大殿中最高处的横梁,所以,"极"有顶端之义),大梁上有一抽三支穗的禾,蔡茂跳过去取,只得到三穗中间的一穗,梦就醒了,于是他请主簿郭贺圆梦。郭贺分析道,大殿就是皇宫、朝廷,栋梁上有禾,预示大臣的俸禄,尚书中有三公,中穗表示"中台之位"。从测字的方法推算,"禾"与"失"合起来就是"秩",就是官的品位和俸禄,所以,你梦见"禾"后"禾"就"失"了,这寓意是得到"秩",现在朝廷中正缺人,您不久就会被朝廷征用。果然,蔡茂就升官了。蔡茂为官清俭,忠于职守,被后人视为楷模,"三穗"也成为升官迁职的祥兆,人们遂以这个读书人聚会的殿堂命名为"三穗堂"。现代的照相机质量极佳,读者在观瞻三穗堂时,可以将三穗堂匾拍下来,就能见到匾上的题跋了。

上海的新城隍庙

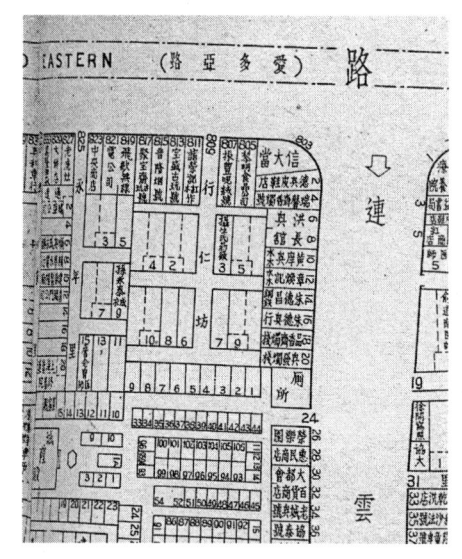

1947年上海地图，新城隍庙在连云路24号内，爱多亚路（今延安东路）南，今已划入延中绿地

上海人会把在县城里的城隍庙叫做"老城隍庙"，把原连云路延安东路一带（旧址已改造为广场公园）叫做"新城隍庙"，也是上海知名度较高的地名，当然，随着这里的庙和庙宇风俗活动的消失，"新城隍庙"的地名也一定会湮没。问题是这二者之间有什么关系。

1924年中元，是上海举行"三巡会"的日子，城隍庙的道士们十分繁忙，城隍庙也十分热闹，忙中出错，不知谁把烛台打翻了，引发了一场大火，这个木结构的城隍庙建筑群被彻底烧毁了，这一年的"三巡会"被迫中止。一座县城没有城隍庙,就犹如一个县城没有县衙一样,而上海还将迎来上海城隍秦裕伯诞辰六百三十年的隆重庆典活动,于是邑庙董事会得到黄金荣、杜月笙、张啸林等"海上闻人"的巨额资助(他们均为邑庙董事会成员)决定重建城隍庙,但在新庙未建之前,城隍庙的"三巡会"不能停止,于是必须先建一个临时性的城隍庙。

前面已提到,上海的厉坛原建在上海县城北郊,1845年英租界建立时,邑厉庙被划进了英租界,巡会活动不能在英租界进行,就一度"权于西门外同仁辅元堂义冢庐舍举行"。同仁辅元堂是上海由政府支持和资助的善堂,也是上海实力和规模最大的慈善机构,他们在上海有许多处"义冢",即公益性的墓地。20世纪初,旧址被划进法租界,成为上海的闹市区,原来的公益性的"义冢"设在此地不太适宜,地块就被上海颇称强势的江苏镇江同乡团体——京江公所收买,并将原京江公所从方斜路迁到这里,位置相当于今老西门外,复兴东路与方浜西路之间的地方。上海原来还有一个"社稷坛"的宗教建筑,这里是祈祷丰收的地方,位于"西门外周泾承恩桥西"。周泾是一条小河,1914—1916年填平筑成今天的西藏南路的北段,在1854年的小刀会战争中毁了,于是,又将社稷坛改建为厉坛。这里离上海县城闹市区太近,把厉坛设在此地也不适宜,而且根据制度,厉坛是"无祀鬼神"住的地方,应该建在县城的北郊,而北郊早已被租界占据,大概在20世纪初又将厉坛移建到上海县城西北,就是后来称之"新城隍庙"的地方。当时一位叫火雪明的记者有专门的报道,全文不长,抄录如下:

新城隍庙大殿,既告讫工,邑庙董事会,因大殿所供为汉陆博侯霍光神像,适宝相初开,特于丁卯(1927年)冬十一月二十五日晨,由乡先生秦锡田率领各董事,沐斋致祭,典礼崇隆;上海火雪明为之记,曰:大殿极高崇,楹槛髹漆,统为全部《三国志》,金碧辉煌,匠心独具,中置万年台。供金山神主像,高约二丈,前置一锡蜡竿,高达一丈四尺。左右列四判官,亦极显赫。左侧石台上,立一看财童子。举行开光典礼时,金鼓雷鸣,炮声轰轰。外列善男信女,济济一堂,咸低眉合十,喃喃作佛号。计开光之时,用去朱墨笔共百余支,记者得一支,为第三次所用者,传谓有神护,可使书法佳妙云。既而公祭,城隍神居中,四司分两行列左右。台面上除陈列珍馐宝物外,尚有秦汉以上之鼎瓦,数人守卫之,估价当在万元以上。殆下午四时,董事会诸公,鱼贯列阶下,虔诚向神三跪九叩首,祭礼一循古礼,仿佛登夫子庙堂,觐春秋二祀也。

记者对新城隍庙的描述还是很清晰的,这座城隍庙只供金山神主霍光,看来,上海城隍庙董事会要解决上海城隍庙"一庙二城隍"的困惑,单独为霍光建一庙。信徒上庙,无非就是敬香叩头,献花供物,放生积德,于是,大多数庙前会形成香烛,花鸟市场,新城隍庙的花鸟市场是有点名气的,我童年时就经常结伴到新城隍庙买蟋蟀,也许当时光顾着蟋蟀市场,对于庙的印象不太深刻。也有一些上海人(如今应该均是老人了)认为,新城隍庙是当年为了拍电影搭建的布景,后来弄假成真而成了"新城隍庙",如果读了上面引用的记者的文章,你也许会搞清楚了，它是真正的城隍庙，并不是拍电影的布景。

祭城隍有祝文，我没见到上海祭城隍的祝文原件，记者有心记录了秦锡田所撰祝文，抄录如下：

> 维中华民国十有六年冬十二月十八日，邑庙董事会董事秦锡田、叶增明、顾履桂、姚福同、凌纪春、杨逸、沈周、方彦臣、杜月笙、张效良、黄金荣、陆志清、王子纲、秦锡燧等，谨致祭于上海县城隍神曰：惟神正直聪明，含弘广大，为闾阎之保障，固若金汤，奉俎豆之馨香，尊同社稷。兹者回禄降于殿宇，商民慨解乎囊金，刻桷丹楹，旧规尽复，朱衣象简，实相新开。清凝燕寝之香，神瞻如在。上续灵台之烦，降福无疆。敬布几筵，伏维尚飨。

几乎与新城隍庙开光的同时，那座被烧毁的城隍庙也重建完工，吸取了城隍庙失火的教训，重建的城隍庙改用钢筋水泥结构，但样式上仍使用中国传统的城隍庙形式，由公利打样公司设计，久记营造厂承建，总造价为五万元，黄金荣、杜月笙、张啸林等"海上闻人"捐了至少一半的钱，工程从1926年4月开始，1927年11月25日开光，这大概是中国出现的第一座钢筋水泥结构的城隍庙。

关于城隍塑像

明朝定制,城隍庙与厉坛是配套的,厉坛是祭祀无祀鬼神的地方,也就是安置无家可归的冤魂野鬼的场所,而城隍就是负责厉鬼的官员,祭厉时,城隍神必须莅临现场,就是把神像抬到厉坛。传统庙宇里供的神像多为泥塑像,体量大,分量重,几乎难以搬动,所以,《明史·礼志》中称,城隍庙不塑神像,"造木为主",就是供城隍的牌位替代神像,在牌位上书"××县城隍之神主"之类的字,祭厉时只要将牌位抬到厉台,把城隍神位供到厉坛上,就表示城隍神亲莅厉台。祭祀无祀鬼神,至迟到明弘治年间(1488—1505年),上海城隍庙供的城隍神还是神牌位,并无塑像,至于上海城隍有神像始于何时,未见于著录。

虽然中国有"祭神如神在"之说,就是讲牌位就代表了神,祭牌位就是祭神,但总会显得抽象、空洞。至迟到了明朝,人们就为各路神仙塑了神像。司马迁《史记·天官书》中讲:"斗魁戴匡六星,曰文昌宫。"天上的北斗星由七颗星组成一个带柄的斗状,很容易辨认,人们利用北斗星能找到北极星,可以用来辨别方向,所以,古人十分熟悉北斗星,北斗星也被星相家认为是主宰人类命运的星宿,也许有了《史记》的"文昌星"的记载,人们就赋予北斗星更多的文化上的意义,使它或魁星成了主宰文运的星,就是民间讲的"文曲星"。魁星只是一组星座,无法造出它的形象,古人就以北斗七星来代表魁星,到了明朝,人们从"魁"字受到启发,就把魁星设计为一个小鬼屈一足踢一斗,直到今天,中国的魁星不像神、不像人,而像一小鬼。当然,人们也希望为上海的城隍塑像。

对于上海百姓来讲,城隍庙是地方的土地庙,城隍神就是地方的保护神,但对上海的秦氏宗族来讲,上海城隍秦裕伯是他们的先祖,上海城隍庙就是秦氏宗族的宗庙、家庙,秦裕伯是人而不是神,他们也不愿意自己的先祖被神化、妖魔化,所以,上海城隍庙的城隍像被设计为"衣架像",神像与真人大小等同,但只有木雕的人头,身体只是一个"衣架",秦氏后人会按不同季节为自己的先祖换四季衣服和帽子,当然,由于是与真人大小相同的"衣架像",遇上城隍老爷出巡时,就可以轻易地将他抬上轿子,随意进进出出。一直到今天,上海城隍出巡的活动早已结束了近百年,但上海城隍仍然为传统的"衣架像"。

上海城隍庙内殿供奉的城隍正神秦伯

城隍庙的神话与鬼话

中国道教是多神教，道教中有多少神仙和鬼神，难以确切地统计，但根据其来历和属性，大致上可以分为几个大类。其一就是道教尊神，与道教最有关系的人物当推老子，他被道教尊为祖师，他的《道德经》被视为经典。但老子是一位历史人物，历史上有关他的记载颇详细，要神化老子是有难度的。于是就塑造了如元始天尊、太上老君、玉皇大帝、王母娘娘之类的高高在上，神秘莫测的神，称之为"道教尊神"。道教的起源与古代的星相、占卜术有关，"尊神"犹如民间的帝王，不苟言笑，权力很大，亲和力不够，民间的帝王有一大批臣僚出谋划策，有一大批卫士护法保社稷，于是，天上的星宿、地上的山川神化而就成了"星神"、道教的"守护神"。在道教的发展中会产生许多的故事，许多与道教有关的人物，这些人物被神化后又成了"道教神仙"，著名者如九天玄女、宁封子、八仙之类。当然，道教发展中也会出现不同的宗派、门派，这些宗派的创始人或对道教作出重大贡献的人物也会被神化而成为神，道教中称之"祖始真人"。

中国城隍的起源还是较早的,城隍被西方人译作City Gods,就是"城市守护神",他与"土地"是同一类神,保护一方平安,但是,每一个地方的城隍庙供的城隍又是不同的人,如苏州城隍为春申君黄歇、松江城隍为纪信,清梁绍壬《两般秋雨盦随笔·卷八·城隍》中讲:"本朝查初白先生言:今江西城隍为灌婴,杭州城隍为南海周公新,其他如粤省以倪文毅为城隍,雷州以陈冯宝为城隍,英德以纪信为城隍,诸如此者,不可胜纪。"各地的城隍大多是以死去多年的真实人物担任的,"人死曰鬼",显然,城隍是"鬼神"。如果讲,早期的城隍还是City Gods,是城市的守护神,那么到了明朝,城隍的主要职能就是代表阳世的政府祭祀"无祀鬼神",看管好无家可归的冤魂野鬼,不要让厉鬼闯荡社会为鬼作祟,所以,城隍是介于"神"和"鬼"之间的"神鬼",于是,几乎每一个地方就会有许多关于城隍和城隍庙的"神话"和"鬼话"。

从松江府城隍照壁图案讲起

南宋《绍熙云间志》中已记录到华亭县有城隍庙,在华亭县衙门西面,北宋政和四年(1114年)迁建到县衙门的东南,汉将纪信为城隍神。元至元十四年(1277年)升华亭县为华亭府,明年改松江府,城隍庙照旧。一直到明洪武三年(1370年)朱元璋诏告天下,全国的县、府须建城隍庙,于是松江府就大兴土木,兴建府城隍庙,这个城隍庙也屡毁屡建,形成规模,抗日战争中,松江城遭日军轰炸,城隍庙建筑破坏殆尽,只有那座建于明洪武三年的城隍庙照壁安然无恙,保存完好,成了上海的古迹。

照壁又有照墙、影壁等名称,是古代宫殿、庙宇、衙署、大宅的建筑物,一般设在大门内,起隔离的作用,当大门敞开时,站在门外的人的视线被照壁所阻挡,不能望到大门内的活动,后来,有些建筑会将照壁移建到大门外,其就成了大型建筑物的非功能装饰,或作为建筑的标志。现存的松江府城隍庙照壁是建在大门内的。照壁是有功能的,一般比大门略大,现存的松江照壁面阔三间,阔6.10米,高4.75米,可

现存上海松江方塔园内的砖刻照壁

以推算出当年松江府城隍庙的正大门阔在五米左右，从规制上讲是较大而雄伟的。该照壁的另一特点是，整座照壁是用定烧的砖雕拼成整幅的画面，主图案是一巨兽，有尖锐的双角，铜铃般的双眼，张开大嘴，露出尖利的牙齿，有人形容为鹿角、狮尾、龙麟、牛蹄的"四不像"，这应该是中国麒麟的特征；兽的四脚踩踏有珊瑚、元宝、如意、玉环之类的珍宝，当然，这些珍宝在中国的风俗画中均为吉祥物或避邪物；兽的四周则有灵芝、夜明珠、梅花鹿、凤凰，还有一棵树，枝头上挂一官印，树下有一猴，这种吉祥图案寓意"封侯挂印"，又一棵树上长的不是树叶，而是无数的"孔方兄"，这也是一种吉祥图案，称之"摇钱树"，人们随手一摇，树上会掉下许多的钱，然后，树上又会长出钱，是取之不尽，用之不完的财富；另外还有一只花瓶，瓶里插的不是花，而是三支戟，当然这也是吉祥图案，以谐音寓"平(瓶)升三级(戟)"，还有如"鲤鱼跳龙门"，巨兽呈抬头状，凝视光芒四射的太阳。早在20世纪50年代，上海博物馆的专家们对松江照壁图案有过解释，并被许多人接受，称：

原来这只怪兽叫做"獬",凶猛力大,贪食无厌,山林中的野兽都被它吞食一空,又来到人间觅食,连金银珍宝也要吃,仍不能满足它的食欲。有一天,它来到海边,看到天际初升的太阳,红得可爱,竟想一口吞到肚里,于是凶猛地向太阳扑去,终于蹈海而亡。照壁上雕刻的内容,无非是告诫世人不要贪得无厌,否则自取灭亡。在各地城隍庙里,都有壁画或匾联之类,劝人不要作恶。

此虽非城隍庙的"神话"或"鬼话",但一定是现代人的"自说自话"。

这种图案在中国的许多城隍庙中使用,也是一种常见的吉祥图案,但是,在收字量很大的《康熙字典》中没有收录"獬"字,《汉语大词典》也没有收录"獬"字,显然,这个"獬"是今人杜撰的,没有根据。我不是道士,但我是上海道教协会常务理事,在一次会议上,上海太清宫住持、《上海道教》杂志主编丁长云道长对我讲,他去过全国的许多城隍庙,许多城隍神的"补子"上就是这种图案,他希望我为此图案定一个名称,我就告诉他,这是中国传统吉祥图案中的"麒麟呈祥"图,只不过松江府城隍庙照壁把中国的许多吉祥图一并归入了"麒麟呈祥"中了。

补子又称补服,补褂。封建时代品官章服上的标识,其纹饰据品级高下和文武类别而各有不同。清梁绍壬《两般秋雨盦随笔·卷三·补子》中讲:"品级补子,定于洪武,行于嘉靖,仍用至今。汪韩门《缀学》言之详矣。"我手头没有《缀学》一书,无法知道该书是怎么叙述补子的,《明史·舆服三》有记录:

（洪武）二十四年，定公、侯、驸马、伯服，绣麒麟、白泽。文官一品仙鹤、二品锦鸡、三品孔雀、四品方雁、五品白鹇、六品鸳鸯、七品鸿鹔、八品黄鹂、九品鹌鹑，杂职练鹊，风宪官獬豸；武官一品二品狮子，三品四品虎豹、五品熊羆、六品七品彪、八品犀牛、九品海马。

就是文官补子用禽，武官补子用兽，据说，"衣冠禽兽"成语与古代的补子有关。明代的这种衣服是"礼服"，就是官吏在出席重大的礼仪活动时穿的制服，称之"补服"、"补褂"，规定的"禽"或"兽"是直接绣在衣服上的，上海市历史博物馆收藏不少明朝绘的官吏画像可以证明。到了清代，这种"礼服"逐渐变成了"官服"，官服是官吏经常穿的衣服，一人须备数件，而且容易陈旧、破损。于是，就像今日的军装一样，一个军人的军服可以有几套，但肩章只有一副，只要将肩章套到今天穿的军装上就可以了，于是补服上的"禽"或"兽"就绣到一块布上，再缝到穿的官服上，于是才被叫做"补子"。

就像今天的官制，在军队里把军衔分作将、校、尉几等，将又分上将、中将、少将，校分为上校、中校、少校，尉又分为上尉、中尉、少尉几等，军衔只是官位，并不是官职。同样，干部分科级、处级、局级、部级，但有了"级"并不说明他有具体的职位。古代把文武官品分作"九品"，除此之外，还有爵位，虽然历代爵位分"公、侯、伯、子、男"五等，长期执行的是"公、侯、伯"三等，《明史》表述得很清楚，即"定公、侯、驸马、伯服，绣麒麟、白泽"，同样，《明史·礼志三》中也讲：

其余府为鉴察司命城隍威令公,秩二品。州为鉴察司民城隍灵佑侯,秩三品。县为鉴察司民城隍显佑伯,秩四品。

县以上的城隍均封"公、侯、伯"的爵位,他们的"服"就是"麒麟、白泽","白泽"与麒麟一样,也是传说中的一种神兽,《云笈七籖》卷一〇〇引《轩辕本纪》:"帝巡狩,东至海,登桓山,于海滨得白泽神兽,能言,达于万物之情。因问天下鬼神之事,自古精气为物,游魂为变者凡一千五百二十种。白泽言之,帝令以图写之,以示天下。"唐《开元占经》卷一一六引《瑞应图》:"黄帝巡于东海,白泽出,达知万物之精,以戒于民,为除灾害",白泽也是一种神兽,能言万物之情,可以为民除害,但谁也不知道它长什么样,不过,人们还是根据想象绘了白泽,其形状与麒麟大同小异。城隍的作用就是通过管制、控辖厉鬼,不让它们流窜民间,从而达到为民除害消灾,使社会风调雨顺、国泰民安,城隍使用的图案就是"麒麟呈祥"或"白泽除灾",绝不可能是今人胡编乱造的"獬"。

城隍庙的神话和鬼话

在中国道教或佛教庙宇的大门内和大殿前有一广场，这里是通道，也是集散人流的广场，在民间建筑中就是天井，一般会在天井中置一只等人或比人高的铁铸或铜浇的炉，它是供信徒和香客礼神时敬奉香烛用的，民间直呼其为"香炉"。敬香的目的就是在于人们把自己的愿望，通过袅袅上升的烟雾传达给神，使人与天，世俗与仙界建立沟通，祈祷神灵的保佑，犹如道家的法器冠以"通天"之名一样，上海

上海城隍庙通天彝拓片

城隍庙的香炉旧时称之"通天彝"。通天彝至少有两个方面的作用：在宗教中，它是建立人与神沟通的神器和渠道，而在建筑中，它又是指定的烧香之地，可以避免香客随意烧香引发火灾。

庙宇的香炉不少是信徒捐赠的,一般上面会铸有捐赠人名字,铸造日期,有的还会有大段文字,或说明铸造原因、经过,或抄录经文,或书祈愿祝文等。上海城隍庙通天彝上也铸有铭文,它是主要的神器,也许在冥冥之中保佑了无数的上海人躲避灾难,呈福呈祥,但它自己没能逃过"文革"的厄运——被毁了。幸亏20世纪30年代上海通志馆的前辈做了拓片,铸造人和日期为:

> 邑人乔炜　仝　男著、舒、馨;孙　钟鼎、钟期　监制　丁亥孟冬吉日

乔姓是明代上海望族,今"乔家栅"即以该乔家得名。乔炜之名在《同治上海县志·卷十九·人物》中附在乔镗之后,说:

> 乔镗,子乔木,孙乔拱宿,曾孙乔炜。炜字赤余,天启元年(1621年),副贡入史局,讲起居注,纂修玉牒,官至礼部郎中。

明王朝是1644年灭亡的,乔炜应该是明末清初人,据此推算,该通天彝铸造日期的"丁亥"应该是清顺治丁亥,也即1647年。《同治上海县志·第宅园林》中记:

> 渡鹤楼,在城南,一名南园,乔炜建。池通潮汐,时闻水声,木石最苍古。中有明志堂、锦石亭、息机山房、珠来阁诸胜。曹垂灿

曾居之,后为太学李心怡别业,更名"也是园",今改"蕊珠宫"。

乔炜是上海名门望族乔铠的曾孙,他们除了在乔家栅拥有祖产外,在上海城里城外也拥有大量产业,渡鹤楼在南门,就是乔炜建的私家花园,后来卖给了上海名绅曹垂灿(曹汝霖即其后裔),又转卖给了李心怡,改称"也是园",后来又改建为道观"蕊珠宫",还在这里办了"蕊珠书院",到了民国后,这里就成了上海地方政府的土地局,今天,南门内有一条叫"也是园路"的小路,就是以这个花园得名的。乔炜是名门乔铠的嫡传曾孙,自己也在中央政府礼部担任高级官员,这个通天彝的监造者就是这位乔炜是没有问题的。

这座通天彝上铸有颂铭,是歌颂城隍功德的,抄录全文如下:

大禹铸鼎　以像万物　明德荐馨　用励斋祓

神灵陟鉴　夔夔栗栗　冲穆无朕　昭垂皎日

远迩咸赕　久近咸敕　无戏无谕　无倾无轶

上通冥契　下罩眸(睟)密　九我烝民　有冯(凭)有翼

亿万斯年　罔克攸敦　施于□□　莫常虔劼

顺治岁在丁亥孟冬穀日　海上长人陇右孙鹏谨识　冯菖敬书

颂文署名"海上长人陇右孙鹏"中的"海上"即"上海"的别名,"长人"即"长人乡",是上海县下的一个乡,"陇右"是中国姓氏中的"郡望",孙姓起源于"陇右",但笔者没能查到这位叫孙鹏的人的资料,不过,明末清

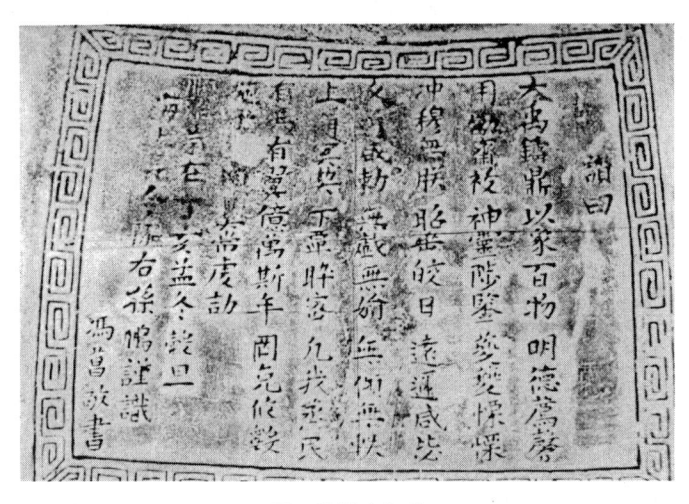

通天彝铭文拓片

初上海却有一位叫孙朋的人，《同治上海县志》中记：孙朋为人慷慨乐施，每逢荒年，他总会慷慨解囊，出粟赈灾，甚至将贫困租地人签下的租契、借据当众烧掉，是一位深受百姓爱戴的长者。沈朋的一个儿子叫沈制，任漕运官，就是负责将南方征收的粮食运往北方的官，一次，他押运糟粮进京，中途遭匪徒抢劫，数条船的漕米被抢劫一空。根据大清法律，漕粮不能安全准时运到的处罚是十分严厉的，轻则弃官赔钱，重则坐牢处斩。正当孙制一筹莫展，进退维谷之际，忽然有一条大船向他驶来，对方船主对沈制讲："我们的船漏水了，能否帮忙把船上装的大米运到你们的船上？"沈制是一位助人为乐的人，尽管自己的处境非常尴尬，但还是答应了，当船夫们将大米驳到自己的船上后，那只"漏船"突然消失了，而所驳的大米与沈制押运的漕米数相同。沈制也立即想起，"漏船"的船主的脸与上海城隍庙中的城隍正神十分相似，领悟到这是上海城隍在冥冥之中帮了个大忙。沈朋到北京后也将此事向朝廷汇报,皇帝也为之动容,即以"护漕有功,敕封灵佑伯",于是上海城隍在原"显佑伯"的封号上多了一个"灵佑伯"。沈制回上海后,他的父亲孙朋立即为城隍庙定铸了通天彝。

据说,上海的善男信女们更为之欢欣鼓舞,得知孙朋要铸城隍庙通天彝后奔走相告,赶往现场,一些信徒还将身上佩的金银首饰扔进炉子,金子不会被铁炉熔化,所以还能在这只通天彝的表面隐约看到嵌在香炉壁上的金子,更使通天彝的名声大震,成为上海人津津乐道的故事。

乔姓是上海的名门望族,明嘉靖中期,沿海倭患严重,倭寇猖獗,所谓倭寇多系海盗,他们呼之即来,又呼之即去,消失得无影无踪,官兵奈何不了他们,乔镗就出面组织乡勇,设立联防机制,一方倭寇出现,百方联防,使倭寇难以作案而只得逃窜,乔镗也被认为是"抗倭英雄",所以上海关于乔家的故事特多,而这只通天彝上筹有"邑人乔炜监制"几个大字,于是又有了乔家与城隍的传说和故事:上海是水乡,舟楫是出行的交通工具,以前的上海城隍庙里还供了两只小船,木制的,这是城隍出外巡视使用的船。民间传说,一次,乔家的族人乔润斋到南京参加乡试,当考试结束后才发现,自己带的盘缠被偷了,连回上海的钱也没有了,就在他在江边徘徊时,看到江心中一只小船向他驶来,小船将驶往上海,听说乔公子也是去上海的,愿意让他搭船,乔公子上船后就迷迷糊糊地睡着了,第二天一早,小船就到了上海,他还在纳闷,这舟怎么跑得这么快,小船就不见了,于是翻然醒悟,一定是城隍相助,第二天他就赶到城隍庙烧香,感谢城隍的恩德,不料还发现,自己遗忘在小船上的那把伞就搁在城隍庙供的小船上,后来,乔公子并没有取走伞,仍将它搁在那里,并将这个故事告诉大家。以前的上海人大多知道这个故事,我以前也听邻居的老人讲过这个故事。不过,不同的版本很多,又有人讲,清康熙年间(1662—1722年),有一个姓杨的上海人在扬州帮佣,十分思念家里的老母亲,但又没有盘缠回上海,他正在江边暗自流泪,遇一艘将驶往上海的小船,并愿意让他搭船,他也把伞遗失在船上,他做了一个梦,梦中有人对他说"你的伞在城隍庙里,明天可以去取",第二天他赶到城隍庙,果然发现自己的伞就搁在城隍庙供的小船上,才知是上海城隍把他从扬州带回上海,使自己和母亲团聚。当然,与许多地方的城隍庙不一样,大概只有上海城隍庙里供有小船,而且在船上搁一把伞。谁也弄不清,是有了这个故事,才有这样的设计,还是先有这样的设计,才出现无数离奇的故事,反正,任何宗教会制造出许多的"神话"和"鬼话",才能使宗教拥有更多的信徒。

曹家是上海望族,我曾对上海历年修的《上海县志》中收录的人物作过统计,收录到的人物中曹姓人物排名第一,也说明曹姓中有不少杰出的人物,近代人物曹汝霖就是其中之一。清《同治上海县志》中记:"曹一士,字谔廷,号济寰。泰曾少子,负异禀,于书无所不窥。入青浦庠,为名诸生三十余年成雍正八年(1730年)进士,由翰林擢御史,寻转工科给事中,所陈多切时要。"他在青浦学宫中学习了三十几年,才在雍正八年考取进士,据此推断,他出生于康熙三十年左右。

他写过一篇《上海县城隍神颂》，是一篇歌颂上海城隍的颂文，后来被刻成碑，嵌在城隍庙的墙上，该碑应该在今豫园内。颂文很长，不再抄录，碑文中讲：清顺治十年(1653年)，南明王朝的水军多次从海上进入上海，苏州总兵王燝驻守上海，率军无方，屡战屡败，上海人对其骂声不绝，当时，江苏巡抚周国佐也带领军队赶到上海，王燝担心百姓告发他在战争中临阵脱逃，错失良机的丑事，就先下手为强，反诬上海百姓准备谋反，下令镇压，而巡抚周国佐又轻信了王燝的诬词，准备同意王燝镇压百姓的行动。于是，上海知县阎绍庆和名绅曹垂灿连忙赶到周巡抚处，"长跪，愿以百口为保"，并没感动周巡抚，仍准备第二天清晨出兵行动。就在当天夜里，周巡抚就梦见上海城隍神来到衙门，十分严肃地注视巡抚，劝他不要屠杀百姓，周巡抚怕了，想改变决定，但马上他又决心派兵镇压，刚躺下就又梦见城隍到来，"如是者四"，最后还是放弃镇压百姓的决定。不知此事是怎么传出来的，但老百姓对城隍神保佑百姓之事感恩不已。曹垂灿是清初上海名望最高的人，为地方事业作出诸多贡献，而曹一士是曹垂灿的孙子，由他写的这个故事能有多大的可信度就不得而知了。因为这篇文章被刻成碑，并放在城隍庙的显眼的位置，这个故事不胫而走，成为上海妇孺皆知的故事。

《嘉庆上海县志》中也收录了不少上海城隍神的传说。傅之铨是雍正年间的上海知县，辞官后就侨居上海，一年正月十五，他的一个孙子外出观灯，不料遭强盗抢并被杀害，凶手逃之夭夭，于是他就去求城隍，当天夜里就梦见城隍送给他两颗李、一条鱼、十四索钱，傅之铨立即领会这是神的指示,曰"杀予孙者,李二、吴十四也。盖土音吴、鱼皆音吾",于是立即告知知县衙门,拘捕了李二、吴十四,果然是他们图财害命,杀死了傅之铨的孙子。又如,乾隆十二年(1747年),知县王侹做了一个梦,梦见城隍对他讲,"我有难,快来帮忙",当时王侹人在省城,就立即赶回上海,刚踏进城隍庙就发现火灾,于是王侹立即抱着城隍神主逃出庙,使城隍避过了一场灾难。

以上讲的是"神话",下面再讲些"鬼话","神话"见于古文献的著录,"鬼话"则是俗夫的瞎三话四。

中国古代没有玻璃,当然也不会有今日用玻璃做的镜子。最早用来照脸的东西是水,这种照脸用的东西叫做"监","监"的繁体为"監",在金文中写作 ![], 上面左边的字为"目",就是眼睛,右边的字为"人",下面的 ![] 就是"皿"即可以盛水、食物的器皿,所以"监"就是人的眼睛盯着一只盛有水的器皿,表示他在用水照自己的脸,那就是"照镜子"了。后来人们发现,把青铜抛光后也能照脸,于是发明了铜镜,就在"监"旁加了一个"金"而成了"鑑"或"鉴",这才是铜镜,后来又造了一个"镜"字。古人认为镜子能照到人凭肉眼看不到的东西,能明察秋毫,于是,古代的府衙门、县衙门内,老爷坐的大殿上会悬挂一块"明镜高悬"的大匾,或在衙门的大殿上方挂一面镜子,借以表示衙门能洞察一切,凡作奸犯科者将被发觉而受到惩罚。而道家视镜子为神器、法器,它可以使妖魔鬼怪原形毕露,就叫做"照妖镜",如南朝葛洪《抱朴子·登涉》中说:

> 万物之老者，其精皆能假托人形，以眩惑人目而常试人，唯不能于镜中易其真形耳。是以古之入山道士，皆以明镜径九寸以上，悬于背后，则老魅不敢近人。或有来试人者，则当顾视镜中，其是仙人或山中好神者，顾镜中故如人形；若是鸟兽邪魅，则其形貌皆见镜中矣。

照妖镜的用处真不小，当人照镜子时，镜子里就是人影，而装扮成人的妖魔鬼怪被镜子一照，它就原形毕现。如《西游记》中讲，一个道行颇深的妖孽把自己变成孙悟空，连唐僧、猪八戒、沙和尚也无法辨认，不知道该站在哪一边，于是真假猴王闹到了天宫，连玉皇大帝和其他的神仙也无法识别，于是，玉皇大帝"宣托塔李天王，教把照妖镜来照这厮谁真谁假，教他假灭真存"。这照妖镜也真管用，在照妖镜的照射下，假猴王立即显形为妖孽。

城隍庙是一个地方的阴曹地府的府衙门、县衙门，其级别也等同于府、县衙门，所以，许多地方的城隍庙也挂有"明镜高悬"的大匾，或在城隍庙大殿上，或在城隍神的上方挂一面很大的铜镜，它本来是用来威吓妖魔的"照妖镜"。不过，民间另有说法，城隍是主管阴世的大官，人们只要得到城隍神的准许，就可以透过这面镜子见到已死的亲人在阴曹地府的生活情况。传说，清乾隆年间，有一个寡妇到城隍庙烧香，她希望知道亡夫在阴间的生活情况，就靠近镜子仔细观看，果然发现她的亡夫披枷带锁，铁索银铛，十分悽惨，立即放声大哭，后来她也病死了。城隍神担心这种悲剧继续发生，从此，上海城隍庙的镜子总是灰蒙蒙的,既无法通过它看到阴间的情况,也无法照清自己的脸。城隍庙挂的是铜镜,本来就不太光洁,使用效果很差。铜镜很容易锈蚀,用不了多久就得请磨镜师傅重新磨光,所以,不论是衙门或城隍庙挂的镜子永远就是灰蒙蒙的,此只是人编造的"鬼话"、假话,故事而已。

以前,上海城隍庙的仪门上挂有一只硕大无朋的算盘,大小略同大匾,形制和比例与真算盘相同,共十三档,算盘的中间设有横档,上方两颗珠,每颗代表五,下档五颗珠,每颗代表一。算盘是古老的计算器,但这只大算盘的横档上却还写有"人有千算,天只一算",其意义就在于告诫百姓,做人不宜过于算计,你即使有千算,还不如城隍一算。这只大算盘不知何时消失的,现在青浦朱家角城隍庙就仿原上海城隍庙,设计了一只硕大的算盘,悬挂在那里。

城隍庙的"人话"

"放生"就是将捕获或买来的小动物放掉,以表示慈悲,中国很早就有放生的风俗。如《列子·说符》中说:

> 邯郸之民,以正月之旦献鸠于简子,简子大悦,厚赏之。客问其故,简子曰:"正月放生,示有恩也。"

后来"放生"也被中国的佛教和道教利用,成为一种信徒积德、慈悲的活动,一些庙宇中专门建立"放生池",为信徒放生提供方便。上海城隍庙的荷花池的另一个功能就是放生池。1987年我参加豫园东部重建时,豫园管理处主任董良光对我讲,以前,豫园内最多的是乌龟,这些乌龟全部是从荷花池里跑过来的,也没有人伤害它,所以数量极多。大概也是1987年,管理处向荷花池放养了许多金鱼,但是,没过多少天就不见了,如果是死了,死鱼也会浮上来,但并没有见到浮上来的死鱼,于是,又放了几次鱼,同样是没过几天就不见了,有人怀疑有市民夜间偷鱼,于是加强了夜间巡视(当时还没有可以摄像的探头),并没有发现偷鱼的现象,后来干脆将池水抽干,一探究竟,才发现池里有不少硕大的黑鱼,原来是临池的"绿波廊"餐厅管理不善,使活的黑鱼窜入池中。

中国礼神的方式无非就是敬香、献花、放生等几种,所以,有庙宇的地方往往会形成花鸟市场,城隍庙的花鸟市场也是上海颇具规模的市场,市场里卖专供放生的小鱼、乌龟,普通的乌龟食量不大,生长缓慢,体形较小,所以对鱼虾的影响不大。但是,还是有人从其他地方弄来体形很大的癞头鼋。古代,人们把鼋视为四灵之首,是一种神物,没有人敢伤害它,而鼋的食量很大,荷花池的虾兵蟹将就成了它们的美食,也使其生长的速度变得更快。由于人们把鼋当作神物,谁也不敢伤害它们,于是这些鼋也不怕人,不但在夜间爬上岸,甚至会在白天招摇过市。人们一旦无意中触碰到它的驼背,甚至踩伤了它的脚,那可是触犯神灵的大事,一定会灾难降临,于是,一到天黑,人们就不敢到城隍庙去了,这对商家是打击,于是商家们联合上书政府,最后就设法将荷花池的癞头鼋一网打尽,在每一只鼋的背上嵌上一块铜牌,上面镌"放生"二字,举行了宗教仪式后统一放到吴淞口,这才使城隍庙太平了下来。

上海城隍庙还有一个"神羊"的故事。上海城隍庙的西园占地三十余亩,面积很大,大概在道光、咸丰年间,有好事者向花园里放生了几只小羊,谁也不知道这些羊是从哪里来的,汉字的"羊"与"祥"谐音,又与"阳"谐音,《周易》中的"泰卦"符号为☷,上面的☷为坤,下面的☰

为乾,表示"阳",于是有"三阳开泰"之说,后来就以三只羊来表示"三阳开泰",是一个吉祥符号。于是民间又流传这样的故事,说这些羊是城隍神放的,祈祷天下吉祥,人们就把这些羊视为神兽,谁也不敢碰它,还有更多的人到郊区割草,专程到城隍庙喂羊,还有人专门做了木牌,上面写"神羊",挂在羊脖子上。1853年上海爆发小刀会起义,起义军就驻扎在城隍庙花园里,那些天不怕、地不怕、神不怕、鬼不怕的起义军就把"神羊"宰了,从此,上海城隍庙的"神羊"就消失了。当小刀会被镇压后,民间又流传一种故事——那就是小刀会得罪了"神羊",才招来"洋鬼子"的镇压,这也是"人话",但是胡说八道。

上海还流传这样一个故事,在上海城隍庙"保障海隅"的牌楼外有一家叫"王三和"的酒店,店堂不大,但挺干净的,在清光绪年间,有一位老人经常在这里喝酒,点的酒菜不多,但往往一坐就是大半天,甚至直到打烊才离开,店家有点不满,又不能轻易得罪客人。一天逢月半,是到城隍庙敬香者特别多的日子,酒店的生意也特别好,而那位老先生独自长时间占据一个位子,多少影响了生意,店主希望老先生早点离开,就对他说:"老先生,今天庙里正热闹,你老先生为啥勿去看看,轧轧闹猛。"老先生明白店家有逐客的意思,还是笑嘻嘻地回答:"喔唷!你们真不知道,到庙里烧香的人大多来求财求名,就连屋里有人结婚、生小囡,生点小毛病也要来求我,我又呒没三头六臂,啥地方管得过来,所以,就趁伊拉来烧香求签的机会,忙里偷闲,躐(音yà,即躲的意思)到侬店里,喝脱几杯小老酒。"店家一听,才想起这位老先生的面孔像庙里供的城隍,就立刻下拜,叩了三个响头,抬起头一看,这老先生早已不见了,才真的相信,经常到店里来的老先生就是上海城隍老爷秦裕伯。这个故事传得沸沸扬扬,哄动上海滩,于是有更多的人到"王三和"吃老酒,希望能一睹城隍秦裕伯的尊容,给自己带来好运气。不过,谁也没能见到这位老先生。后来才有人传出消息,这是"王三和"老板编造的一个故事,而就是有了这个故事,使"王三和"生意特别好,还成了上海著名的酒店。

城隍庙的赛神和风俗活动

"赛"的本义是酬谢、报恩。古代,人们为感恩神灵,祈祷幸福,祭祀酬谢神灵就称之"赛"、"赛神"等,如唐张籍《江村行》诗:"一年耕种长苦辛,田熟家家将赛神",赛神是家庭、家族、宗族的活动,宋朝是中国城市化比较发展的时期,一种表现就是城市数量的增加,另一种则是城市规模的扩大和城市经济的发展,于是,城市文化对农村文化的作用和影响逐渐深远,赛神活动也跨出家庭、家族、宗族而走向社会,成为社会性、公共性、大众性的风俗活动,"赛神"也改称为"酬神赛会",简称"赛会",于是,赛会又形成一种制度,有一定的仪式。

前面提到,城隍庙和厉坛是配套的,祭祀厉鬼时必须把供在城隍庙的"城隍之神"以及"无祀鬼魂"的牌位从城隍庙"请"出来,放到厉坛上。把神的牌位从庙里"请"出来,一定要有制度和规定的宗教仪式,尤其到了明朝后期,城隍的牌位逐渐被形似真人的城隍老爷替代,那种把神"请"出庙的活动就相当于知县离开衙门到各处巡视,于是,原来的"赛会"就成了城隍老爷出巡,又多叫做"出会"、"巡会"等。明洪武三年定制,城隍例于每年的清明和十月朔到厉坛出会,后来又改每年的清明、中元(七月半)、十月朔出会三次,但不少地方还是坚持一年两次城隍出会,与上海相近的苏州就是如此,而上海人认为,城隍老爷出巡与上海人钱鹤皋有密切关系,就定城隍老爷每年出会三次,称之"三巡会",这也是从明朝开始的上海地区最隆重和热闹的节庆活动。

三巡会的传闻

钱鹤皋的事迹已见于前文的介绍,当年他被明太祖朱元璋处斩时,流出来的血是白的,朱元璋担心他死后化作厉鬼,扰乱社会,于是下令全国府、县必须建城隍庙和厉坛,祭祀无祀鬼魂。因为钱鹤皋是上海人,上海传说又多了些内容,说朱元璋担心钱鹤皋为鬼作祟,干脆封钱鹤皋为鬼头,祭厉就是祭钱鹤皋,希望通过笼络,收买这个"鬼头"来控制厉鬼,所以,上海的城隍老爷一年出会三次,每次都很隆重和热闹,称之"三巡会"。

张春华,字秋浦,其著《沪城岁时衢歌》是以诗文描述上海风俗的著作,每首诗下有简短的说明,是了解上海清代风俗的重要著作,初刻于清道光十九年,即公元1839年,是中国进入近代的前夕,上海风俗尚未受到外来文化的影响。书中说:

清明报赛到城关,毂击肩摩拥阓阛。
五里羽仪人静肃,路由岁岁擎红班。

作者原注:"邑厉坛,令宰有举祭之典,每岁于三元节遵行之。县牒城隍神主坛,俗谓'三巡会'。舆马骈集,旌旆灿然,亘四五里,俨然宪卫也。皂隶中著名者为'红班'。先一日,举明日所经历揭庙门为路由签,书出入某门,于神前掣之,必由红班编定。""红班"是上海地区特有的称谓,其他地区大多称之"红衣会",是城隍庙道教信徒的"志愿者"组织,人员结构大致分两种,一种是道教的忠实信徒,另一种是一般信徒,人在生病或遇上灾难时,往往就会"临时抱佛脚",他们向城隍许愿,除了捐钱外,还愿意为城隍神服务,也有的许了愿以后真的如愿以偿,就成了城隍神的忠实信徒,清朝的囚服为红衣,这些人在城隍前自称"罪人",要在神前"赎罪",在宗教仪式中一律身穿红衣,故称"红衣会",红衣会的组织机构设在城隍庙的班房里,上海称之"红班",如上海城隍庙内原有一碑,叫《伯府——敕封显佑伯加封护海公案下红衣二班快手重修改造班房碑记》,这些无所事事的"红班"平时轮流在城隍庙当"志愿者",在三巡会时就是工作人员,负责大部分礼仪,更多的"红班"则身穿"囚衣",充作神的罪人,追随于巡会队伍中。"路由"就是上面写着途径某地的大木牌,这些木牌即由"红牌"举着,引领巡会队伍前进。

赛神恰值月澄霄,城市灯红和管箫。

岁岁周泾远绕郭,孟秋十五看青苗。

作者原注:"七月十五祭赛如清明节。溽暑初过,烈日犹酷,邑神之随从者,大多以夜分为良。郭外绕西而北者为周泾神,必由此入城,谓'看青苗'。"七月十五是中元节,在佛教为"盂兰盆会",也是一个重要的超度节日,而在上海,则以城隍出会为主,十五也是月圆之日,在明月的照耀下,地面的亮度还是较高的,可以黑夜行走,所以,巡会的活动可以安排在傍晚之后,可以避开盛夏的炎热。前面已经提到,原来的上海邑厉坛设在上海县城的北郊,在今天的江西中路延安东路口附近,原来的上海城墙北面只开一扇北门,就是今天的"老北门",于是巡会的队伍从北门出城,到厉坛祭厉毕,就沿着城外向西行,"周泾"是一条河流,相当于今天的西藏南路的北段,以前周泾边有一周泾庙,出会的队伍顺路到周泾庙,再从西门(即今老西门)入城,又沿肇嘉浜(复兴东路)返回城隍庙。这次城隍出巡还有一项任务,就是查看水稻的长势,就叫做"看青苗"。

底事江城里巷嚣,迎神不惮路迢迢。

清明谒墓中元暑,会里偏宜十月朝。

作者原注:"三元祀坛,惟十月初一,行者与观者益盛。俗于是日谓'十月朝'。"在旧沪语中,"朝"音近 zao,与"早"同音同义,如旧时的"日报"又称"早报",但多写作"朝报"。古代有所谓"三正"之说,即夏代建寅,以农历正月一日为一年之始,殷代建丑,以农历十二月为正月,周代建子,以农历十一月为正月。今天仍在使用的农历又称"夏历",就是以建寅之月为正月。中国古代的天文历法很发展,很早就编订历法,发行历法,中央政府规定,定于十月朔日,也就是每年的十月初一颁布和发放明年的年历,在颁行历法之前要举行仪式,告知上天,就称之"告朔",到了战国时期,周王朝的统治地位已经衰弱,一些诸侯已不买中央政府的账,诸侯与周王朝分庭抗礼的事不断发生,日益严重,孔夫子叹曰"礼崩乐坏",到了难以收拾的地步。原来规定,"告朔"必须使用"少牢"礼,就是祭品中必须备全羊,而鲁国国君首先违反这一制度。《论语·八佾》:"子贡欲去告朔饩羊。子曰:'尔爱其羊,我爱其礼。'"朱熹集注:

> 告朔之礼,古者天子常以预颁来岁十二月之朔于诸侯,诸侯受而藏之祖庙。月朔,则持以特羊告庙,请而行之。鲁自文公始不视朔,而有司犹供此羊,故子贡欲去之。

实际上,直到今天,每年十月初,明年的新年历也开始发行上市。

《易经》中讲:"黄帝垂衣裳而天下治。"现代人往往理解为是黄帝发明了衣裳,难道在黄帝之前中国人都是赤膊光屁股的,不可理喻。这句话的意思是黄帝制定了服饰的等级制度而使天下建立了良好的秩序。古代的官吏上朝、办公必须穿与自己等级相符合的官服,地球气候有四季变化,所以犹如中国军队、警察的制服分夏装和冬装一样,古代的官服也分夏装和冬装,中国的历法是根据北方气候制定的,到了农历十月初,就进入秋冬之交,于是"十月朔"也是官吏制服的换装日期。王辟之《渑水燕谈录》中记了这样一件事:

> 升朝官每岁诞辰、端午、初冬赐时服止于单袍。太祖讶方冬犹赐单衣,命易以夹服。自是士大夫公服,冬则用夹。

宋太祖发现,朝廷发给官吏的官服中,初冬发的还是单薄的袍子,就下令今后冬服一律发夹服。从此官吏冬天可以穿夹袍。

记录北宋京城风俗的《东京梦华录》讲得更明白:

> 十月一日,宰臣已下受衣着锦袄三日。士庶皆出城飨坟。禁中车马出道者院及西京朝陵,宗室车马亦如寒食节。有司进暖炉炭,民间皆置作暖炉会也。

古代的十月朔日是隆重的"告朔"的日子,人们都要到家庙中祭祀祖先,到了唐宋以后,"告朔"活动消失了,蜕变为祭祀祖先,清扫祖茔的日子,上至王室,下至百姓都要出城,到祖坟上祭拜祖先,清扫坟墓。十月的天气转凉了,扫墓归来后,家家架起炭缸,烧火取暖,围着火炉,摆起宴席。久而久之,又形成新的风俗,称之"暖炉"、"暖炉会"等,如宋人金盈之《醉翁谈录》中所讲:

> 旧俗,十月开炉向火,乃沃酒及炙脔肉于炉中,围坐饮唱,谓之"暖炉"。至今民家送亲党薪炭、酒肉、缣帛,新嫁女并送火炉。

犹如今日之中国,南方气温较高,盛夏尤甚,一到夏季,政府机关,企事业单位就得向职工发放名义上"消暑"的"冷饮费",又规定黄河以北的城市或地区,冬季气候寒冷,机关干部、企事业员工则可以领到一笔"取暖费"。这种北方的制度或风俗,也随着南宋政权南迁临安(今杭州市)传到了南方。江南的十月朔还不至于寒冷,尤其像上海这样的江南水乡以平原为主,柴火紧缺,价钱很贵,没有家家设炭缸的习惯,于是,北方的十月朔的开炉取暖风俗到了上海就发生了变化,成了开炉煮饼,如近人王韬《瀛壖杂志》卷一中讲:"沪俗于十月朔日,开炉煮饼,献于家祠,故亦称'炉节'。"秦荣光《上海县竹枝词》:

> 十月开炉竞饼烧,年丰赛社闹笙箫。
> 前村旗影斜阳里,橘绿橙黄画景描。

清倪绳中《南汇县竹枝词》:

> 炉节欣逢十月朝,开炉祀祖饼初烧。
> 更看报赛风年乐,旗影斜阳柳外飘。

农历十月是秋冬之交,是换季的日子,除了开炉取暖外,还有一项重大的活动,那就是"换装",记录南宋杭州风俗的《梦粱录》、《武林旧事》等著作都有与记录北宋开封风俗的《东京梦华录》有相似的记录:

> 朔日朝,廷赐宰执以下锦,名曰"授衣"。其赐锦花色,依品从

给赐。百官入朝起居,衣锦袄三日。

是日,御前供进夹罗御服,臣僚服锦袄子夹公服,"授衣"之意也。自此御炉日设火,至明年二月朔止。

天气转凉了,朝廷、官场定于十月朔更换冬装,皇帝也会给部分大臣赏赐冬服,称之"授衣"。而在民间,家庭主妇也会在这一天,把做成的过冬寒衣给丈夫和子女试穿,如做得尺寸不符,也许还来得及修改、重做。同样,人们也会想起逝去的亲人,他们在阴曹地府是否有足够的御寒衣服,能否平安地度过寒冷的冬天,于是就会焚烧衣服,希望化为灰烬的衣服通过上升的烟雾送达到亲人手中,这种风俗称之"送寒衣",于是十月朔的节日又称之"烧衣节"。

"送寒衣"风俗可能起源于北宋以前,记录北宋风俗的《东京梦华录·卷八·重阳》中有这样一段记录:"(九月)下旬即卖冥衣、靴鞋、席帽、衣段,以十月朔日烧献故也。"京师从九月下旬就开始出售供人于十月朔烧的冥衣,但是,同书在记录"十月一日"风俗时并没有讲这件事,估计"送寒衣"的风俗并不普遍。元朝的《析津志》中记:"都(指大都,即今北京市)中人民七月祀先,用麻秸奠酒为诚,买纸钱冥衣烧化于坟,谓之'送寒衣',仍以新土复墓。"看来,"送寒衣"也不必固定于"十月朔"。到了明朝,"送寒衣"在全国固定于十月朔,所烧的衣服不必真衣,而是纸工,如明刘侗、于奕正《帝京景物略》:

十月朔日,纸坊剪纸五色,作男女衣,长尺有咫,曰"寒衣"。

有疏印缄，识其姓字辈行，如寄书然，家家修具夜奠，呼而焚之其门，曰"送寒衣"。

这种寒衣就是用彩纸剪成如衣服状，长在一尺左右，在寒衣上写上收受者的姓名，夜间在家门口焚烧，它犹如寄信那样会送到死去的亲人的手中。

从以上的分析可以知道，所谓"三巡会"的清明、中元、十月朔三个巡会日，本来就是中国传统的祭祀日，明朝时只是将三个祭祀日合在了一起而已。古代的民间祭祀主要是家庭、家族、宗族的活动，但"三巡会"就把那种私家的祭祀变成了社会性、公共性的祭祀，用今天的话来讲，那就是"公祭"。同时，从《沪城岁时衢歌》记录中能领悟到，清明的巡会，由于家家户户忙于自家的扫墓，围观的人数略少，而七月十五是盛夏，气温很高，祭祀的食品容易变质，巡会的规模不大，而"十月朔"还属深秋，气候宜人，就成了"三巡会"中最热闹的城隍老爷出会日。

三巡会的仪式

城隍出会犹如地方官走出衙门到地方巡视,仪仗是十分隆重的。为了便于把城隍从庙里抬出来,行到数里外的厉坛,最初的城隍无塑像,只是一方上书"上海城隍神主"的牌位,估计到了明末或清初才有塑像,这种像称之"衣架像",只有一个用木雕或泥塑的真人大小的头

民国时期的出会

像,身体只是一个架子,穿上衣服后犹如真人。在巡会开始前三日就要准备,称之"排堂"。先在大殿里用帐篷搭起一个临时性的暖阁,样子与军队的营帐相似,再在营帐里放上衙门里的公案和老爷坐的椅子,由会首负责把城隍老爷从原来的大殿移到公案的椅子上坐定;参与出会的"执事"分别打扮成衙门中的主簿、马快、皂隶、军健等分立两旁,这些人大多是由清朝县衙门的当差担任,做起来得心应手,于是有专职的衙役大呼"城隍老爷升堂",两旁站立者齐声呼应,又有皂隶把由"红班"扮的"罪人"押到堂前,一一点名,称"某某解到"。堂审结束,城隍就派某人到某坛巡视,然后,由会首把城隍老爷抬出帐篷,放到停在门口的轿子上,前呼后拥地出了厉坛的大殿,早已等在那里的高昌、长人、新江、财帛四司的轿子紧随其后。

由"红班"举的路由牌跑在最前面,紧随其后的是手持"肃静"、"回避"牌子的仪仗,城隍老爷的轿子前有开路先锋,后由殿后仪仗,前呼后拥,声势浩荡,招摇过市。在出会的当天,道士必须先焚香禀告城隍出会的时间,凡参与出会的道士须沐浴更衣,依次进入庙里,出会时列入队伍,跟随在城隍老爷的轿后行进,道士们有的手持法器,有的为鼓吹,一路上鼓乐齐响,真的很热闹。

据说,早期的城隍出会是在夜间进行的,难免会令人毛骨悚然,后来才改为日

清代的出会

间进行。原来的出会还配有骑马的执事,他们出了东西辕门后就策马疾驰,俗称"跑马",于是抬着城隍轿子的轿夫也立即追赶,称之为"抢轿",于是整支出会的队伍就骚动起来,更增加了活动的气氛,也吸引更多的市民前往观瞻。

出会的行程是随机决定的,一般在出会前通过抽签的方式决定,上海的不少商家认会城隍从自家门前经过或停留,会给自己带来财运,带来福祉,于是也会捐资争取出会的队伍路经或停留自家门口,这些收入就成了出会支出费用的一部分。城隍是城市的守护神,也是地方阴曹地府的最高长官,他除了祭祀无祀鬼神,约束他们不要流窜人间作奸犯科外,民间更认为城隍是万能的神仙,犹如基督教信徒在上帝面前自称是"罪人",许多宗教仪式和活动是向上帝赎罪一样,于是上海有所谓的"红衣会",他们大多是道教的忠实信徒,在出会时身穿与清朝囚服相似的红衣,扮作"犯人",尾随于队伍中,向神赎罪。据说,早期的出会中,城隍庙还出售一种"三角枷"的东西,它实际上是用芦苇做成的一个三角形的枷锁,一些道教的忠实信徒,或者患病而祈祷神保佑的人就会买这种三角枷,出会时将三角枷套在自己的头颈上,枷上还贴有封条,上书"伯府枷号犯人一名×××示众",向城隍赎罪,祈祷平安。民间认为,在巡会上架三角枷向城隍赎罪的效果十分灵验,所以,尽管这种用芦苇编的三角枷的价格不便宜,但购买者着实不少。另一种就是"拜香会",一般是男青年信徒组织,他们自制一种小的香几,香几上放香炉烛台,他们只用一只手握香几的一只腿,追随在队伍之中,并确保几上的香炉烛台不能倾翻,这确是有难度的,只有凭坚强的毅力才做得到。更厉害的当推"臂香会",他们把锃亮的铜钩子刺入自己的手臂中,上面覆盖一手绢,还能见到手绢上沾满了鲜血,在铜钩子上挂一铁链,铁链下吊着一只十几斤或更大的香炉,香炉里还烧着檀香,不过,此人的手臂被手绢遮盖,谁也不知道那铜钩是扎进手臂里,还是缠绕在手臂上,也不清楚手绢上的血渍是此人的鲜血,还是涂上去的鸡血。

三巡会是道教的宗教活动,后来形成风俗,就成了社会性的活动,于是民间的许多活动就参与其中,如一些戏班将椅子扎到一粗竹竿上,让小孩坐到椅子上,大人则掮着竹竿行走队伍中,称之"台阁"。上海城隍庙的三巡会从20世纪30年代后衰落,如今只是一个历史名词而已。

"奶奶生日"与兰花会

传统祭礼，人死亡的那日称之"忌日"，每年的忌日要祭奠，称之"忌日祭"，其他的日子则是于每月的朔日(初一)望日(十五)应该祭祀，称之"朔祭"、"望祭"，合称"朔望祭"。在家中，只要敬几支香，烧几串长锭就可以了，也可以到庙里烧些香烛。如今，许多地区仍坚持这样的传统，所以，初一和十五庙里的人特别多，上海城隍庙也是如此。我在20世纪80年代参加豫园东部重建时，夜里无事，就会到城隍庙附近走走，当时的城隍庙还未恢复宗教活动，庙宇改为某工艺品商店，每逢初一、十五的夜里，商店早就打烊了，仍然会有不少人摸黑在庙的大门口点香烛，是严重的火灾隐患，于是只得增派人员巡防，而到了三巡会的清明、中元、十月朔，这种情况更严重了，就得增派人员守卫。风俗对人的影响真的很大。

根据《淮海秦氏宗谱》的记录，秦裕伯的诞辰是"元贞二年丙申六月十二日"，不过，上海城隍的生日定为农历"二月二十一日"，这实际上是明洪武年间(1368—1398年)定县城隍为显佑伯时就确定下来的，全国的县城隍神的生日都在这一天。仲春二月,天气转暖,这一天秦氏的后人、红班信徒会到庙里"大扫除",为城隍脱去冬装、换上春装,道士们也会在庙里颂一天的经。三月二十八日是城隍德配懿德夫人的诞辰,懿德夫人最受妇女的尊敬,在妇女婚后不育时,妇女们就会向懿德夫人求助,她犹如佛教中的"送子观音",说不定妇女来年就怀上了baby;旧时缺医少药,医疗条件和水平很差,婴孩生病、死亡率很高,古人往往认为是鬼神作祟,就会向懿德夫人求助,有的就将baby"过寄"给夫人,叫小孩称城隍懿德夫人为"奶奶",于是,上海的城隍称之"老爷",而懿德夫人就称"奶奶"。她的生日就是"奶奶生日"。这一天,女信徒就会一早赶到城隍庙寝殿,把床换上新被单,铺得整整齐齐,还要给"奶奶"洗脸,换上新装,顿时"奶奶"容光焕发。

天后又称天妃,福建、台湾一带尊之"妈祖",是中国航海保祐女神,在中国沿海受到特别的敬重。上海最早的天后宫建在上海县城东北角的城墙上,高三层,叫"丹凤楼",是上海的制高点,登楼可以远眺黄浦江的春潮秋涛和穿梭于江中的船只,于是"凤楼远眺"被清人定为"沪城八景"之一。天后的诞辰是三月二十三日,上海会举行隆重的庆祝活动,天后是航海保祐女神,上海又是港口城市,与船运相关的商家们会尽力资助天后诞辰的庆祝,所以活动的规模很大,声势浩荡。民间流传许多天后的传说和故事,大多是讲船队在海上迷航或遇上大风大浪,总会在危难之际出现一女神手持明灯,为迷航的船只指明方向,于是,天后诞辰庆祝主要是——灯会。清上海人毛祥麟《墨余录·卷十二·灯市》言之颇详,曰:

我邑岁于三月二十三日为天后诞辰。先期，县官出示，沿街鸣锣，令居民悬灯结彩以祝。前后数日，城外街市，盛设灯市。自大东门之外大街，直接南门，暨小东门外之内外洋行街，及大关南北，绵亘数里，高搭彩棚，灯悬不断。店铺争奇赌胜，陈设商彝周鼎、秦镜汉匜，内外通明，遥望如银山火树，兰麝伽南，氤氲馥郁，金吾不禁。百里外舟楫咸集，浦滩上下，泊舟万计。名班演剧，百技杂陈，笙歌之声，昼夜不歇。十九、二十日灯始齐，至二十四、五日止。二十八日，又为城隍护海公懿德夫人诞辰，城内街衢，陈设一如城外。二十五、六起，至四月初止，总计城厢内外，凡阅半月而灯事始毕。自道光辛丑，海疆多故，驻兵设防，因罢灯市。通商后，华夷杂处，恐生事端，遂以为禁云。

天后诞辰与船运商人关系密切，而上海的船运商人集中在东门外与黄浦江之间的区域，所以，庆祝天后诞辰的"灯市"集中在东门外，灯市从三月十九开始，二十四、五结束，接下来的三月二十八日又是上海城隍懿德夫人的诞辰，而上海城隍被封"护海公"，人们又把"灯市"移到上海城里，规模与规格和天后诞辰灯市相同，日期可能还要长一些，从三月二十五、六日起，一直到四月初止。1841年（即道光辛丑）英国兵舰将进攻上海，灯市一度停止，而在上海开埠后，1849年，天后宫被划进法租界，城外的天后灯市难以举办，但城里的"奶奶生日"的灯市照常举行。大概到了清朝末年，灯市才衰落，不过在城隍庙附近一带的商铺，仍会在自己的店门口张灯三日。

清上海人张春华《沪城岁时衢歌》中有描述：

才了城东又入城，游踪逐晓到深更。
映街夜色明于昼，朱户帘垂透水晶。

作者原注："三月二十八日，为城隍夫人诞。街巷悬灯，一如天后。"秦荣光《上海县竹枝词》：

东门外搭彩棚多，庆祝天妃圣诞过。
续报庙园兰花盛，花香风里听笙歌。

作者原注："天妃诞在三月二十三日，大东门外最盛。三月二十八日，城隍懿德夫人诞。是日，庙中清音宴待。兰花会，此时最盛。"农历的三月底，早兰已经开放，为了庆祝懿德夫人的诞辰，人们还在城隍庙举办兰花会，各家把自家种植的兰花集中到这里展出，成为上海的一个节日和"花展"。农历与阳历可能会有半个月以上的偏差，也许，农历的三月二十八日会在阳历的4月中旬，此时，许多兰花尚在含苞待放，离开花还有十几天，难免使人扫兴，后来就将"兰花会"定在立夏（基本上为阳历5月6日）举行，清《点石斋画报》绘有"雅集名蕙"，其配画文中讲：

沪城邑庙豫园之内园（城隍庙的寝殿在内园），每年于立夏节边盛设蕙兰会三日，藉娱神而兼角胜也，裙屐联翩，游人如织。兰之品

《点石斋画报》绘"雅集名蕙"

类不一,有似梅瓣者,有似水仙瓣、荷花瓣者,其余朱瓣素心,亦登上选。惟一年而数种皆备,是为难能耳。

豫园内园就是城隍庙内园,城隍偕懿德夫人的寝殿就在内园,平时是不对外开放的,只有在"奶奶生日"举办兰花会才会对外开放,于是会吸引更多的人去"窥探"。作者讲,立夏在内园举办的兰花会"藉娱神而兼角胜",显然就是原来三月二十八日"奶奶生日"的兰花会改期而来的。据我所知,城隍庙的兰花会一直到20世纪40年代还盛行,解放后终止了,有点可惜。

六月六日的晒袍会

清张春华《沪城岁时衢歌》:

天贶晴开化宇高,郝隆腹笥重词曹。
拈毫记咏江乡事,好向东园看晒袍。

作者原注:"六月六日,城隍庙东园有'晒袍会',合邑之衣工为之。"清秦荣光《上海县竹枝词》:

涤器河中河水浑,市逢天贶吃馄饨。
晒袍会盛城隍庙,南阮休悬犊鼻裈。

作者原注:"六月六日,为天贶市,城隍庙有晒袍会。是日,涤器于河,食馄饨,不疰夏。晋时,南阮贫,北阮富。七月七日,北阮晒彩衣,南阮竿悬一犊鼻裈。"词文中涉及到一些典故,先解释清楚。

郝隆,字仕治,晋朝时随桓温任南蛮参军,以强记博闻,善应对著称,《世说新语·排调》中讲:

> 郝隆七月七日,出日中仰卧。人问其故,答曰:"我晒书。"

大意是,郝隆在七月七日那天,赤着膊平躺在地上晒太阳,农历七月七日已是盛夏,太阳毒辣,于是有人问他在干什么,他回答说,我在晒书,意即他满腹经纶,一肚皮的学问。应该讲,在郝隆之前中国已有"晾霉"的习惯和风俗(上海人把盛夏把箱底衣柜中的衣物书籍经阳光晒后再收藏起来称之"晾霉")。"南阮"即著名文学家阮咸,《世说新语·任诞》:

> 阮仲容(阮咸)步兵居道南,诸阮居道北。北阮皆富,南阮贫。七月七日,北阮盛晒衣,皆纱罗锦绮,仲容以竿高挂大布犊鼻裈于中庭。人咸怪之,答曰:"未能免俗,聊复尔耳。"

那年七月七日,住在道北的阮家在晾霉,家家晒的都是漂亮的衣服,住在道南的阮咸家穷,家里没有什么可以晒的,于是他就撑起一竹竿,上面挂着一条没有必要晒的"满裆裤",人们都感到奇怪,阮咸解释说:七月七日是晾霉的日子,这是风俗,我没什么可晾的,晾一条满裆裤也算是充充数吧。显然,古人有七月七日晒衣服、书籍的风俗习惯,但上海城隍庙的"晒袍会"是六月六日,两者似乎没有关系。

吴谚有"六月六,狗溻浴"之说,谚语没有实际的意义,只是讲,在农历六月六日这一天,家里养狗、养猫的人家一定要给它们洗澡,传说狗猫在六月六日洗澡后,那年就不会长虱子跳蚤等寄生虫。至于这是否有科学依据,那只有天晓得了。

六月六,狗溻浴最早见于明沈德符《万历野获编》的记载:六月六日"狗猫之属亦俾浴于河",作者也没讲六月六日为什么规定狗猫要溻浴,所以后人作《浴猫犬词》中讲:"六月六,家家猫犬水中浴。不知此语从何来,辗转流传竟成俗。"古代流传这样一个有趣的故事:明朝的毛栗庵与杨南峰是一对好朋友,一次,毛栗庵去拜访杨南峰,杨家的看门人以杨南峰正在沐浴,今天一律不接待客人为由回绝了毛栗庵,毛很不开心,但也无可奈何,只得打道回府。过了一段时间,杨南峰去拜访毛栗庵,毛的看门人也以主人正在沐浴,今日不接待客人为由而谢绝了杨南峰。杨南峰知道,毛栗庵还在为上次的事生气,于是拿出了一张名刺(即古代的名片),在上面写了一首诗,叫看门人递进去,词讲:

君来拜我我沐浴,我来拜君君沐浴。
君拜我时四月八,我拜君时六月六。

农历四月八日是佛的生日,叫做"浴佛节",而六月六日是狗溻浴的日脚,杨南峰把自己比喻为佛,而把毛栗庵讲成在六月六溻浴的狗。毛栗庵看到名刺后,不得不佩服杨南峰的才华,当然也不甘心被人嘲讽为狗,只得整衣出门接客。

看来，这个典故也与"晒袍会"没有关系，那只得从古代把六月六日的节日称之"天贶节"讲起了。"贶"是赐给、赐予的意思，"天贶"就是"天赐"。《宋史·真宗纪三》中有这样一段记录："丙申，诏以六月六日天书再降日为天贶节。"前几年的六月六日天降天书，这一年的六月六日天又降天书，于是宋真宗大中祥符四年诏六月六日为"天贶节"，至于这天书上写的是什么东东，天机不可泄漏，谁也弄不清的。《东京梦华录》讲："六月六日，州北崔府君生日，多有献送。"至于这位崔府君的俗身到底是谁，就有许多种说法。崔府君较早的记录见于宋高承的《事物纪原》，卷七中说：

> 显应公，在京城北，即崔府君祠也。相传唐滏阳令，没（殁）为神，主幽冥。本庙在磁州，淳化中，民于此置庙。至道二年，晋国公主石氏祈有应，以事闻，诏赐名"护国"。景祐二年，封"护国显应公"。

《宋人轶事汇编》中记录了一个宋朝的故事，南宋高宗赵构是宋徽宗的第九子，封康王。北宋末，他与徽、钦二帝一起被金兵作为人质关押北方，康王获得释放的机会返回故土，他连夜赶路，实在太困了，就在崔府君庙里睡着了，梦见一神人对他说："金人追及，速去，已备马于门道"，康王立即出门跳上马就跑，当过了黄河后这匹马就不动了，仔细一看，这不是真马，而是一匹泥马，这就是有名的"泥马渡康王"故事，当然，康王南渡后就将京都迁到临安（杭州市），建立了南宋王朝，他也就成了著名的宋高宗。也许有了这些神鬼故事,崔府君也成了中国著名的神道之一。他在世的时候就擅长阴阳之道,死后为神,主管阴曹地府,也有人认为他还是东岳大帝的辅佐,与城隍是同一"兵种"的神鬼。也许,宋朝两次六月六日降的天书就是他降的,又也许六月六日是他的生日,所以,祀崔府君的活动就是六月六日。

上海城隍庙既是上海地方的土地庙,又是上海秦氏的家庙,上海城隍的塑像是"衣架像",只有头是雕塑的,整个身体是用架子支撑的,他与生人一样,须根据季节气候经常更换衣服,于是,秦氏后人和上海百姓就会定期不定期地为城隍添置衣物,作为贡献给城隍的礼物,城隍庙还得腾出一块地方,专门存放城隍的衣物。江南在进入农历五月后是多雨季节,俗称"黄梅天",因衣物容易发黄霉变,又称"黄霉天",五月一过,天气转晴,"黄梅天"也结束了,家家户户忙着"晾霉",我想,上海城隍庙的晒袍会就是民间的"晾霉",民间"晾霉"不需择日,而城隍庙的晒袍会则定在六月六日"天贶节",这一天也是神的节日。上海城隍有许多衣物,这既是秦家的私产,也是百姓的公产,晒袍会实际上又是一次清点庙产的规定日子。当然,这也许还是上海的"历史服饰"和"当代流行服饰"的展览会,吸引更多市民观瞻,成为一个热闹的节日。

到城隍庙"叫七"

古人迷信,相信有阴世世界的存在。认为人的躯体只是"行尸走肉",当灵魂依附在躯体上时,他就是一个活着的人,而当灵魂脱离躯

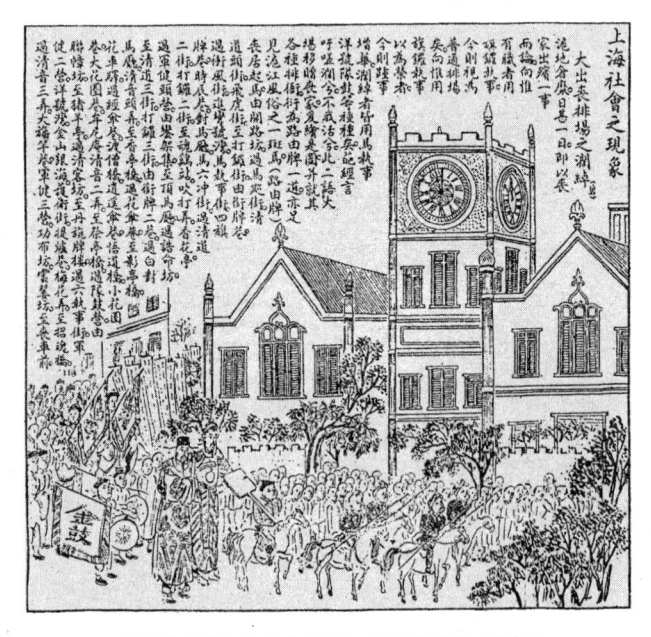

《图画日报》绘老上海"大出丧排场之阔绰"

体,回归到彼岸世界,那躯体就成了尸体,就是死人,是鬼。可能在若干年后,那灵魂又依附到另一具躯体,它又回到阳世而成为活人,称之"投胎"、"转世"。阳世世界的社会是有制度的,其最高统治者就是皇帝,其下分设行省、知府、知县,他们的办公地称之衙门,于是人们自然地认为,阴世世界的各级长官就是城隍,他们的衙门就是城隍庙。

古代中国实行土葬,葬仪复杂、靡费。当确定人死亡后,于第二天给死者沐浴更衣,称之"越日小殓",停尸三日后,就要把尸体装进棺材,称之"三日大殓",随后就将灵柩运出家门,暂时停放在寺庙或其他地方,称之"暂厝",再接下来就是做圹,择日出殡了。从亲人逝世日起,家里就要搭临时性的"灵堂",这是祭奠死者的礼堂,灵堂的设立时间并无明确的规定,但至少须七七四十九天,旧俗规定,在死后逢七的日子,就须做相应的超度,称之"做七",过了七七四十九天,丧事暂告结束。秦荣光《上海县竹枝词》:

贫农做七也开丧,吊挂徽门摆道场。

正昼管弦声热闹,深宵灯烛色辉煌。

作者原注:"凶事从俗繁费,入殓以僧,停柩以道士,出殡及葬亦如之。死后逢七建道场,七七始毕。"做七又以"头七"和"五七"最重要,民间认为,在人死后一个月,他的灵魂已经到了阴曹地府,那里有一个"望乡台",在那里可以看到故乡,看到自己原来的家,并准许在"五七"的那天登上"望乡台"探望自己的家乡和家人,当然,在"五七"的时候全

老上海的大出丧

家就要待在家里,等候死去的亲人的探望。死人不会用筷子,所以祭祀的供品的饭碗上应该竖插一双筷子,称之"竖筷",到了深夜,人们又会根据竖插在饭碗上的筷子是否有被动过的痕迹,来判断死去的亲人是否已来过,这当然是迷信,但是在心理暗示下,许多人认为,"五七"的深夜,竖筷一定会被死去的亲人动过。

古人以为,人之死亡就是灵魂脱离了它依附的躯体,再也不会回来依附到原来依附的躯体上了;刚离开躯体的亡灵魂飞魄散,一时还找不到"回家"的路,于是必须立即制作一躯体的替代物,先把亡灵招回到这个替代物上,这个替代物就是"牌位",把它供在灵堂上,祭奠、吊孝、做七都是在灵堂里对着牌位做的。把亡灵招回到牌位上叫做"招魂"、"招摄",通常须请僧人或道士们做道场来实施的,如《光绪黄梅县志》中讲:"丧次主铭旌,用他氏衔,不设魂帛,做木主,安灵座,请道家招摄。如是者三,越七日。因地支相冲恐魂魄离散。亦为慰招,以七七为度。"做道场的目的就是超度、引导亡灵回归到"西方极乐世界",去它该去的地方——就是阴世世界。

道士和僧人做道场时均离不开一种叫做"路引"的东西,它就是引导亡灵回归的印刷品,均为木版印刷,上填亡者在阳世的姓名、籍贯、年龄、出生、住址等信息,由道士和僧人填写,并印有相关文字,使用时还须加盖如"明天主印"、"城隍印"等,路引相当于"路条"、"护照",是发放给亡灵通往阴曹地府的通行证。纪昀《阅微草堂笔记》卷一中收录一道家路引,其词为:

为给照事。照得某处某人,年若干岁,以某年某月某日在本处病故。今亲属搬柩归籍,合行给照。为此牌仰沿路把守关隘鬼卒,即将该魂验实放行,毋得勒索留滞,至于未便。

在做道场时,将路引焚烧,它就可以引导亡灵回归。在上海,不少丧家除了做七、做道场外,还会在亲人死后的第一个七天,或每次的"做七"的日子,抱着死者的牌位到城隍庙,庙里也出售路引,请道士题写姓名、籍贯、地址之类的空格,当场加盖"上海城隍正堂"的大印,亲属一面不断大声呼喊死者的名字,一面焚烧路引、敬烧香烛,这种风俗称之"叫七"或"烧七香",人们深信,从上海城隍庙道士手中买的,又当场加盖"上海城隍正堂"大印的路引一定是真"护照",不会因"护照"出问题而使亲人滞留半途,无法回归,所以,几乎每天能在城隍庙见到披麻戴孝的"叫七"的人群。

上海城隍庙,左边的摊上放着锡箔,这是生人烧给过世亲人的

清末上海环球社出版《图画日报》的"俗语话"栏中有"托人托仔王伯伯"画,这是吴方言俚语,即托非所托,也就是把事情托付给一个根本不会帮忙办事的人的意思。配画文对俗语的来历有一解释,说:

苏州城隍庙,庙貌殊显赫。

旁塑一阴差,是为王伯伯。

头戴光缨帽,身穿黑短套。

醺醺带醉容,额上汗光融。

满身粘纸票,人有阴事辄写告。

他时把愿完,饷以烧酒豆腐干。

伯伯受谢有常例,并不教人白晦气。

纵多冒滥得功时,只算尔曹日破费。

可叹世间忠信少,酒肉逢场吃不饱。

一事无成先要钱,托人争似托鬼好。

《图画日报》绘"托人托仔王伯伯"

苏州城隍庙大殿旁站立一泥塑皂隶,他相当于城隍庙的"保安",是站岗看门的,人们称他为"王伯伯",也有人认为他是城隍的信使,"快递",负责城隍与阴曹地府的信函公文往来,就会托他代捎家信,只要给"王伯伯"敬香烛,供上些烧酒豆腐干,到道士处买几张专用信笺,将想告诉死去亲人的事写在信笺上,再贴到"王伯伯"身上,他就会把信带到阴曹地府,转达给死去的亲人。这也许是苏州城隍庙设计的一个"旅游项目",可以提高游庙者的兴趣,道士也可以增加收入,明眼人知道,这个泥塑的"王伯伯"根本不可能往返于阴阳之间,代人传达书信,于是人们以"托人托仔王伯伯"譬喻把事托付给一个不能信任的人。

上海城隍庙原来只供城隍,以及城隍下辖的"四司",只是城市的土地庙,到了清朝以后,民间的城隍信仰之风愈演愈烈,于是,上海的城隍不断扩建,这里集中了诸多的神殿,也有石皂隶,总共八人,分东西两行站立,分别是东伯府内班升钱、房昌、朱明、杨福;西伯府内班王昌、金斋、嘉周、祥陶。虽然上海城隍庙没有"托人托仔王伯伯"之事,据说,对准石皂隶叩头的香客也特别多,所以上海也有老古话,那就是——烧香叩头——先寻对老爷。

城隍庙里神仙多

上海城隍庙的庙宇区域相当于今文昌路与安仁街之间的方浜路以北，北面到豫园老街，与豫园花园相接，南北长一百二十米，东西宽六十米，面积约十一亩的空间，清末，区内的土地大部为城隍庙使用，到了民国以后，政府对庙宇的管理、约束力越来越大，于是，道士对庙内的大殿分割，部分提供出租，使真正用于宗教的面积逐渐减少，而商铺用房不断扩大。清末民初的城隍庙内部分布大致如下：

城隍庙里的各种神道像

以位于方浜路249号的"保障海隅"牌楼（俗称城隍庙门楼）为入口向北，东侧为财帛司，西侧为高昌司，其后的两厢就是"二十四司"，财帛司的正殿称财神殿，供道教中的财神正一玄坛，即"赵公元帅"，并供"八方进宝"神,谁也弄不清是何路神仙。西侧的高昌司的大部分建筑被改造后出租,于是,原来分散在东西两厢的"二十四司"全部迁到东首,即财神殿的北面。财神殿的东侧为"鄂王殿",鄂王即岳飞,死后封鄂王,正殿供关羽、岳飞二神,楼上是雷祖大殿。由于城隍庙香火很旺,是火灾多发区,清末民初,就将鄂王庙改建为上海老城厢的北区救火会。鄂王庙的北面为"群忠祠",这相当于清朝政府的"烈士纪念堂",这也是上海城隍庙与其他城隍庙不同之处,值得一提。据《同治上海县志》中记,明嘉靖中期,上海地区倭患严重,上海损失惨重,上海知县黄文炜在城隍庙东建"群忠词",纪念"县丞刘东阳、建平县丞宋鳌、镇海卫指挥使武尚文、浙江镇抚吴贤、凤阳散官丁爵、民杨钿"。到清乾隆年间(1736—1795年),由于这里祭祀的均是前朝的官兵,疏于管理,楼下就成了"猛将堂",上面被工匠们占用改为"鲁班殿"。进入近代以后上海战事频繁,阵亡的官兵更多,于是又恢复"群忠祠",楼上供原上海知县,后任江苏按察使,在镇压小刀会和太平军时战功显赫的刘郇膏,下面为"群忠祠",供在镇压小刀会和太平军时阵亡的清军将士。

穿过通道,在两厢之间是一两层楼阁,这是城隍庙戏台,旧时,此类祀神的建筑的正殿前大多建有戏台,是"酬神演剧",就是逢节日演戏给神看的。戏台的北面即一广场,正中放"通天彝",与戏台对峙的就是城隍庙大殿,供金山神主霍光,东西两面各立四皂隶,在神的边上又有四判官。穿过大殿就进入内殿,这里才是上海城隍正堂秦裕伯的殿。与内殿相邻的东侧就是内宫,平时不对外开放,正殿供城隍德配懿德夫人，并有使女，楼上就是寝宫。

在城隍庙东侧，群忠祠与内宫之间是"玉清宫"，它的前身是"三圣殿"，道教有"一气化三清"之说，三清又称三圣，是道教天神和天神所居的天境，分别是"玉清圣境"，在清微天，"上清真境"，在禹余天，"太清仙境"，在大赤天。三清中又以"玉清圣境"是元始天尊居住的地方，等级最高。不知从何时起，此"三圣殿"就改称"玉清宫"了，正殿供刘群王，传说他是阴世主管东岳大帝手下主管命案的官，他的两边是文武判官，东面供朱大天君，西面是值年太岁，另外还有温天君、杨老爷、痘神、痧神等。而玉清宫的楼上就更热闹了，正殿是玉皇大帝，紫微大帝，左面是关圣帝君、文昌帝君、太阳帝君、月下老人、王母寿星、明离大帝，右面有眼光菩萨、地母元君、太阴帝君、望海观音等。其东厢又有：送子观音、白衣观音、关帝文武财神、水火二神、延寿星君。

可以讲，城隍庙把世界上的神仙挤在大约八亩的土地上，神居住有点困难，但老百姓方便多了，进了城隍庙，要啥有啥，有求必应，只是城隍庙的大殿有一联，时刻提醒人们：

做个好人心正身安魂梦稳
行些善事天知地鉴鬼神钦

上海城隍庙的"年规戏"

我是上海道教协会的常务理事,与诸位道长熟稔,上海城隍庙吉宏忠道长告诉我,他们在清理上海城隍庙旧物时,发现城隍庙印章一枚,正方形,边长九十毫米,高一百一十毫米,镌"上海县城隍显佑伯印",边款有"五十四代天师大真人颁"、"大清康熙二十九年二月初七日"。这当然不是上海城隍庙董事会的公章,而是上海城隍正堂的官印,在三巡会祭厉时,诵读的祭厉文必须加盖城隍钤记才是合法的公文,其他如道士使用的"路引"上也必须加盖城隍印,这才是往来于阴阳二世合法有效的"通行证"。

阳世,民间于新年会休市多日、放假几天,政府机关也照例暂停办公;阴世,逢过年城隍庙也得放假几天,欢度新春,于是,城隍庙

这种乐队表演上海人称之"十蕃"或"十样锦",是年规戏中常见的表演

也于除夕举行"封印",一直到新年的正月十八"开印",开印日也要举行隆重而热闹的"城隍开印"仪式和活动。

忙了一年的城隍老爷也可以安静地休息几天,于是人们就要为城隍安排一些娱乐活动,那就是"酬神演剧"。城隍庙大殿对面就是城隍庙戏台,这本来就是城隍庙的配套设施,演戏给城隍看的。清人张春华《沪城岁时衢歌》:

豫园晴午景轩眉,同日春台次第窥。

相约破工夫早到,庙楼日日有年规。

作者自注:"年初,游人尤盛。邑之黄浦,数省市舶交集焉。春月,各业演剧为报赛,谓'年规戏'。"上海的各行各业出钱出力,邀请各路戏班轮流到城隍庙戏台,演戏给城隍看,而老百姓则借了城隍的光,天天可

街头卖艺,上海人叫做"卖拳头"

以在这里不出钱看戏,上海人称之"看白戏"。当然,元宵的灯会也于正月十八结束,称之"落灯",此时,中国长达一个月的春节活动也宣告结束,城隍庙又忙着"城隍开印",年规戏活动也告结束。

城隍庙的工艺品市场

《左传》:"国之大事,在祀与戎。"古代中国战争频繁,祭祀和战争就成了国家最重要的事,通过战争,可以保家卫国,通过战争,又可以掠夺他国的土地和财富;古人迷信,相信通过对上天、神灵、祖宗的祭祀可以得到他们的保佑,通过祭祀可以建立良好的秩序和制度,有利于团结,稳定社会秩序。所以"古之圣人,成民而致力于神,即敬鬼神而民义神焉",使老百姓相信鬼神,从而敬畏鬼神。古代的祭祀可以分为两大类,即"秩祀"和"私祀",清《同治上海县志·卷十·祠祀》中讲:

> 国家祀典,祥明咸秩,无文百灵,率职群黎,蒙麻祠祀,可无志欤!今分别其每岁动支公项致祭者,曰"秩祀",其民间崇德报功,自行致祭者,曰"私祀"。

"秩祀"就是国家有明文规定的祭祀对象、礼仪、等级的"公祭",最常见的就是孔庙和对孔夫子的祭祀,规定于每年仲春和仲秋的第一个"丁日"致祭,称之"丁祭",届时,地方行政长官必须率文武百官到当地的文庙致祭,当然,祭孔的经费列入地方财政预算。而"私祠"则非国家祀典规定的祭祀,往往就是地方百姓自发的一种对鬼神的祭祀,费用不列入政府预算,由民间自筹,私祀中最重要的就是地方城隍庙和祀鬼神的活动。

民间的宗教活动有很好的社会、民间基础,是民间的信仰风俗活动,其虽不入"国家祀典",但规模、影响往往大于国家祀典,而进入清代以后,民间的城隍信仰越来越高涨、热情,地方的城隍庙往往就是一个地方的宗教、风俗活动中心,"以庙兴市",城隍庙也成为地方的文化、商业中心,上海更是如此,于是,以城隍庙为中心,形成了一个商业中心,此时的"城隍庙"不一定是指庙,而是指以城隍庙为中心的一大片的商业繁华区,这里茶楼酒肆林立,商号店铺鳞次栉比,每天车水马龙,人潮涌动,于是"白相城隍庙"就是城市旅游的一大景点和特点。现在的上海城隍庙是上海城市观光游的一大景点,历史上的上海城隍庙也是如此。

小校场的祭祀用品市场

正一玄坛,即财神赵公元帅

在中国的宗教中,阳世与阴世之间的沟通、交往是通过焚烧,让生人给死者的信息、物件通过袅袅上升的烟雾来完成的。于是,用纸为主扎成的物品,印在纸上的印刷品在宗教用品中占了很高的比例。纸扎犹如今人讲的纸工,制作很精美,惟妙惟肖,于是上海人又美其名曰"纸玲珑"。

用活人殉葬起源于中国的奴隶社会,用活人殉葬太残酷,后来就被用木雕泥制的"俑"代替,虽然用俑代替了活人,但在观念上讲,用俑陪葬还是一种用活人殉葬,所以《孟子·梁惠王上》中有这样一段话:"仲尼曰:'始作俑者,其无后乎!'为其象人而用之也。"成语"始作俑者"即出典于此。《礼记·檀公下》：

> 其曰明器,神明之也。涂车刍灵,自古有之,明器之道也。

汉郑玄注:"刍灵,束茅草为人马。谓之'灵'者,神之类也。""涂车"就是用泥土做的车,"刍灵"就是用稻草麦秸之类东西扎成的人、马、狗之类灵物,均为殉葬品,《庄子·天运》中讲:

> 夫刍狗之未陈也,盛以箧衍,巾以文绣,尸祝齐戒以将之。及其陈也,行者践其首背,苏者取而爨之而已。

"刍狗"就是用草扎的狗,殉葬用品,在祭奠前,人们给它精心包装,虔诚地放到专用的盒里,参加祭奠的人对它恭敬如神,当祭奠结束,它就任人踩踏,一把火将它烧了,人们深信,刍狗已随着火焰追随主人到了彼岸世界。

中国人最早发明了纸,用纸为材料可以折叠、制作出更惟妙惟肖的"刍灵",《东京梦华录·清明节》：

> 士庶阗塞诸门纸马铺,皆于当街,用纸衮叠成楼阁之状。

北宋的汴京(开封市)已有许多的"纸马铺",这是专门生产、出售纸扎宗教用品的作坊和商铺,为了招徕生意,店家的门口堆满了纸扎的楼房,出售后就被客户焚烧,作为给死去的亲人的礼物。从此以后,纸扎业就成为一种专门的行业,成为三百六十行之一。

纸扎的品种,大致可以分为两大类,一类为一般的风俗用品,如腊月廿四祭灶时使用的灶马、灶轿、灶帘,中秋节使用的香斗,重阳使用的插在糕上的彩旗等;另一类就是古之"刍灵",就是用纸扎的动物、生活用品等,品种可谓"五花八门",就是用于祭奠死人的。上海早期的纸扎作大多集中在与城隍庙相近的小校场街,清上海环球社出版《图画日报》的"三百六十行"专栏中绘有"纸扎匠"画,配画文曰:

  纸扎司务好手法,扎神扎鬼活像煞。
  鬼神自古本无影,意想得之亏你扎。
  三出花作挤魂灯,禅灯须扎地狱门。
  不如世上扎纸匠,恍如亲身到过丰都城。

马是古代运载能力强,速度快的交通、代步工具,在军事上它是战车的动力,传递信息的迅捷工具。同时,信奉阴阳五行术数命算的古代中国,它也被神道鬼怪学者"异化"而成为沟通"彼岸"世界的交通工具,也就是讲,彼岸世界的神道和鬼怪也是骑马与世俗世界沟通和往

常见的甲马

来的,这种"马"就不可能是真正的马,而是木、纸、草等材料制作的"假马",其中以纸制作或印刷的马为最多,最普遍。《蚓庵琐语》中有一段话:

> 世俗祭祀,必焚纸钱、甲马。有穹窿施炼师(名亮生),摄召温帅下降,临去索马,连烧数纸不退。师云:"献马已多"。师判云:马足有疾,不中乘骑。因取未化者视之,模板折坏,马足断而不连。乃以笔续之,帅遂退。然则昔时画神像于纸,皆有马以为乘骑之用,故曰纸马也。

这又是一个神道故事,但作者由此而得出一个结论——旧时召神使鬼使用一种纸,纸上画需要召的神道鬼怪,为使指令迅速传达到神鬼那里,也为使神鬼接令后当即赶来,纸上还必须另画一匹马,这马就是沟通的工具,这种纸上印有马,所以被叫做"纸马"。我认为,《蚓庵琐语》作者的分析是比较合乎情理和事实的。

灶君升天的交通工具是"云车风马",这里的车马就是印在纸上的纸马。

在灶君升天之前,人们还要拿马槽里的草料象征性地去喂灶君升天坐的马,这个"马"肯定是纸马。

王建诗有:"近来身不健,时就六壬占",而纸马在其中也是重要道具之一。

纸马、甲马原来是把马与神道像画在一起的,也许是神道的种类很多,而马仅一种,人们把神道与马分两张纸印刷,使用时把印有马的纸粘到神道像上就可以了,后来干脆把马也省了,清人虞召隆《天香楼偶得》:

> 俗人纸上画神像,涂以彩色,祭赛既毕则焚化,谓之"甲马",以此纸为神所凭依,似乎"马"也。

虞召隆记录的是他所在时代的现象,此时,纸马上确实没有印马,但它仍有"快马加鞭"迅速传达的意义。实际上,虞召隆的言词太简单,有"辞不达意"的失误。清代的纸马一般可以分为两大类,一类是祀神用的,民间称之为"神马"或"神祃"、"神模"。1909年上海环球社出版《图画日报》的"三百六十行"栏画有"卖神模"图,配文曰:

> 神模生意真蹊跷,
> 一张烂纸薄枭枭。

五颜六色搨几搨，

骗人算把神像描。

谢年各把神模供，

磕头求拜将他奉。

却怪送时一把火，

难道烧死老爷不怕罪孽重。

上海市历史博物馆收藏清末至民国江南神模近百种，数千份，基本上均是用劣质的薄型纸木版印刷，人工加彩，尺幅多在长八十、宽四十厘米左右，不少神模用同一块印版，套印上神的名称就成了不同的神道，这些神涉及民间信仰的诸神，如土地公公、土地婆婆、床公床母、开泉童子、蚕花娘娘、利市仙官、城隍正神、三官大帝等，一般讲，神模均印神道，在遇他们诞辰忌日或节日时供奉，礼毕后焚烧。甲马多印鬼怪，以粗质纸木版印刷，不加彩，尺幅通常为边长十厘米左右的正方形，品种不知其数，如落水鬼、吊煞鬼、丧门星、鬼门关、阴兵、阴人等，大凡人想得到的可能伤害人性命的鬼应有尽有。古代医学不发达，人们认为是鬼附身才会使人生病死亡，当某家有人患病后，算命先生告诉其家人，这是"某鬼"附身，于是给他几张印有这种鬼的纸马，回家拜祭后焚烧。

小校场街除了集中了许多的"纸扎作"，还是上海主要的印刷、出售宗教画、风俗画的街市。年画是中国风俗画品种，到了每年农历十月，明年新年年画就要上市，除了苏州桃花坞在这里设立作坊和销售店外，上海的年画作坊也集中设在这里。石印是近代传入上海的一种印刷技术和工艺，是一种平版印刷，选用一种质地细腻而渗透性极佳的石材，利用"水乳不相容"的原理，用蘸有油墨的笔直接将画面或文字写和画到印版上，油墨便渗入印版。再将水湿润印版，已涂有油墨之处，水被油墨拒绝而无法渗入，而没被涂过油墨之处立即被水浸润，再往印版上刷油墨，已被水浸润之处，油墨又被拒之于外，而油墨则可以渗入被油墨绘画过的地方，便可以达到印刷的目的。后来，还可以用照相法制版，石印画不仅比雕版印刷省时、省工、省钱，画面的质量也比木刻雕板印刷好得多。最初，吴友如的飞影阁石印书局开设在小校场，后来，上海的石印书局又大多开设在这里，上海的石印年画又被叫做"小校场年画"或"旧校场年画"，是上海印刷发行的最具特色的年

吴友如石印画——"别饶风味"

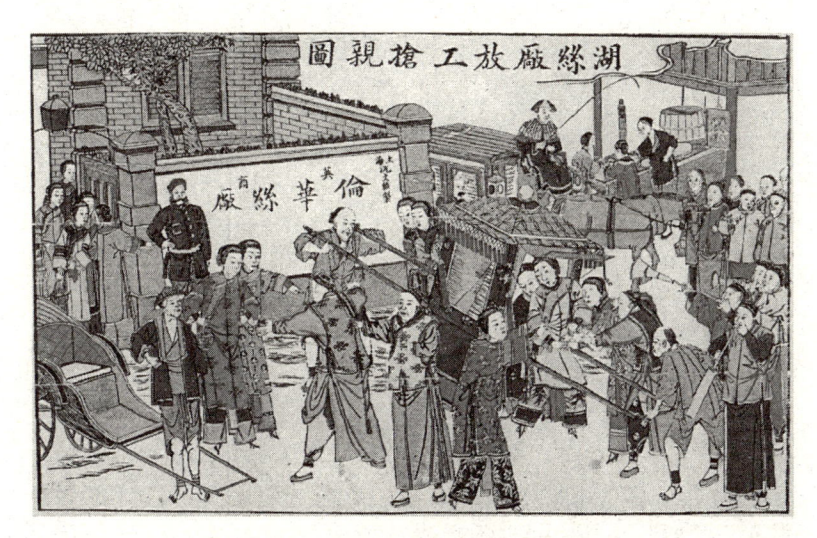

小校场石印年画——湖丝厂放工抢亲图

画。由于石印技术在20世纪逐渐被新的印刷技术、工艺替代，石印年画存在时间不长，实际保存至今的小校场年画的品种和总量极少，成为收藏珍品。

城隍庙的迷信行业

看相摊

现代人对"迷信"一词的理解往往简单化,就是相信鬼怪力神,城隍庙多鬼怪力神,这里也是各种迷信职业或行当最集中的区域。这种用各种方式推算命运的职业上海人一概称之"算命",职业人就是"算命先生",如文气一点的讲法就是"星相"和"星相家",上海还有一个"星相公所",是算命先生的同业公会,早期开在南市凝和路,约20世纪20年代后就迁到算命摊最集中的城隍庙九曲桥边上的房子里。以推算命运的方式不同,星相大致可以分成几种,古代使用干支纪时,所谓"干"就"天干",就是甲乙丙丁戊己庚辛壬癸十个依次排列的字,古代是用来纪日的,十日为一旬;"支"就是"地支",即子丑寅卯辰巳午未申酉戌亥十二个依次排列的字,古代用来纪月的,十二月为一年,后来人们又把天干与地支轮流搭配形成六十个依次排列的词,就是"干支",民间又称之"花甲子",人的出生年、月、日、时都配上一个干支数,共八个字,就是"八字",它是与生俱来的,古人相信,一个人的"八字"决定了这个人终身的命运,用"八字"推算人的命运就是"算命"。清末《图画日报》"算命"的配画文说:

算命排八字,此术子平始。

云将八字定终身,能识荣枯与生死。

谁能一日一夜万死更万生,岂无一个两个同时庚。

若者富贵若者竟贫贱,此种命书怎样来批评。

汉字起源于象形文字,后来又出现了会意字、形声字,一些笔画多的字往往是由偏旁和笔画少的字组成的,也就是讲,一个笔画多的字可以拆成几个笔画少的字,这种用汉字的合成、分拆、重组,以及汉字一字

测字摊

多义的特征来预测未来的做法称之"测字",本书前面提到的豫园"三穗堂"故事中,郭贺就是用"测字"的方法为蔡茂圆梦的。清《图画日报》"测字"的配画文:

斯文朋友忽蹩脚,摆个地摊将字测。

趋吉避凶瞎嚼蛆,加笔减笔真活拆。

涂涂抹抹乱纷纷,偏会嚼字与咬文。

不道斯文扫地四个字,应在地摊测字人。

"起课"起源于古代的占卦,后来民间多利用铜钱代替原来的筮草,通常使用三枚或六枚铜钱,掷地后根据"字"和"幂",以及排列秩序换算成卦来算命,《图画日报》"起课"的配画文说:

起课先生真别致,祖师俱敬鬼谷子。

忘却当年羑里囚,演课乃自文王始。

草草赤赤赤草草,机关参透六爻难。

课筒摇得劈拍响,三个铜钱身乱翻。

古人认为人的长相也决定了一个人的命运,通过审读人的面相、手相、骨相也能断定人的命运,称之"相面",相面参照的古籍主要有《麻衣相术》、《柳庄相法》、《铁关刀》等。《图画日报》"相面"的配画文说:

麻衣柳庄铁关刀,江湖自称相法高。

能知富贵与贫贱,能识穷通与寿夭。

我为看相诸公转一语,可知以貌取人失子羽。

尊容生得果然佳，何必相面先生来夸评。

算命的方法方式可谓"五花八门"，到城隍庙去的人很多，有虔诚的信徒，有观光客，还有许多"平时不烧香"，如今遇上不顺心的事或灾难的"临时抱佛脚"的人，他们往往会到算命摊

观气识相

上占上一卦，算上一命，算命先生善于察言观色，往往几句话就道出了对方的苦闷、窘境，以"逢凶消难"，日后即将遇上贵人相助之类的话，解决对方的心理阴影。从某种角度上讲，算命先生就是古代的"心理医生"，为人分担忧愁，解决心理困惑。

如按摆摊的方式，城隍庙的算命又可以分为几大类，一种是固定摊点，用篷帐搭棚，多棚相连，颇为壮观，大多集中在桂花厅和得月楼，上海人称之"桥梁"；还有一种只有一张桌子两只板凳的临时摊点，上海人称之"笑黑"；一种穿梭于人群中随处拉客，称之"抢金"；还有一种主要在茶馆、菜馆中拉客，称之"踏青"。这些均为业内切口，很难知道这些切口是怎么来的，又是什么意思，所以读者也不必顾名思义，望文生义。

扶乩是中国古老的占卜术，操作不难，就是将细沙（或用面粉）均匀地平撒在一只大的木盘上，"乩"犹如一把"丁字尺"，在乩的顶端悬

143

一细绳,绳下系一银针,扶乩时,主持人称之"乩仙",人们认为乩是一种神器,当乩被扶起时,就会有神仙附到"乩仙"身上,他会将神仙的指示转达人间。扶乩先由两人各用一手指将乩轻轻托起,因为乩是一种"丁字尺",只有两个支点,乩随时会落下,只有二人的手指不停地随乩移动,才能保持乩的平衡,于是乩下的银针不停晃动而在沙盘的细沙上留下不规则的图案或印迹,此时,神仙就会附到乩仙身上,他会以诗的形式把神仙的话念出来。所以,扶乩也是古代文人的一种文字游戏,乩仙念出的诗称之"乩诗"或"箕诗",往往与预测未来有关,在古代知识分子中影响颇深,"箕诗"被文人收入著录者很多。元末明初学者陶宗仪《南村辍耕录·卷二十七·扶箕诗》:

"天遣魔军杀不平,不平人杀不平人,不平人杀不平者,杀尽不平方太平。"此扶箕语,验之今日,果然。

估计这是陶宗仪在元末见到的扶箕诗,当朱元璋建立大明王朝后,天下太平,他认为这首扶箕诗预示明朝灭元的结果。

清末民初,西方的"灵学"(Divine Science)传入上海,于是,扶乩也以"灵学"的身份出现。据说,有一位叫杨宇青的人对于扶乩研究颇深,他就纠集了一帮人成立了"上海灵学会",会所就设在城隍庙小校场,据说,上海的商家十分迷信杨宇青的扶乩,不少人开店、起名,甚至在签合同之前也会去扶乩请仙,有一记者也请扶乩,得一乩诗,曰:

须待扬州明月上,再逢汉水白云生。

此中消息何难见,待到羊肥鸡唱时。

记者反复颂读、揣摩乩仙的指示,始终无法明白这乩诗在暗示什么,过了很长时间,也没有什么与乩诗有关的事发生。

上海市历史博物馆收藏了一套数张拍摄香烛烟雾的照片,照片约十时,无人知道为什么会拍这种无用、无聊的照片,实际上这是从原上海灵学会征集来的,当照相在上海逐渐普及后,灵学会也借助照片进行灵学算命。方法是,算命者在指定的位置敬献香烛,叩上响头,祈祷神灵,灵学会成员把此时香烛袅袅上升的烟雾用照相机拍下来,就直接用照片上烟雾的形状为客人预测将来。实际上,他们还利用照相的暗房技术,把一些图像叠加到照片上,使人们相信,这些烟雾里,确实隐藏了神和神的启示——此只是一种骗人的把戏而已。

城隍庙的珠宝古玩市场

珠宝玉器是稀少而又昂贵的消费品,过去,珍珠和玉石的产量很低,珠宝玉器的价格就显得更为昂贵了。珠宝玉器的消费对象主要是富人。因此,只有在经济发达的大城市才有珠宝玉器的加工作坊和商店。鸦片战争以前,上海的城市经济虽已发展到一定的水平,但是与江南的其他发达城市相比,就显得落后多了,所以,1840年之前上海几乎找不到专业的珠宝玉器商店,上海人要买珠宝,必须赶到二百里外的苏州才行。

南京是六朝故都,明初,朱元璋在南京登基称帝。永乐后京畿虽已迁往北京,但南京仍是明王朝的陪都,是江南的政治、军事、经济、文化中心;"上有天堂,下有苏杭",苏州的政治、军事地位虽不及南京,但几千年来苏州一直是江南最富裕的地区。南京和苏州是江南最富裕的城市,珠宝玉器的消费量大,也是珠宝玉器业最发达和集中的城市,并形成了京(南京)帮和苏帮珠宝业商人。

1843年上海开埠后,已有少量的珠宝业商人进入上海。咸丰三年

(1853年)太平天国攻占并定都南京,珠宝玉器是贵重物品,珠宝业又是主要为达官贵族、巨商富贾服务的行业,所以,珠宝店就成了太平天国最先打击和抢夺的对象。在太平军进攻南京时,就有大批京帮珠宝业商人随同逃难者进入上海,"咸丰三年,岁在癸丑,粤匪(对太平军的诬蔑之词)陷金陵,其后豕突狐奔,蹂躏十余省,东南完全者,独上海一隅。其在江宁也约千里,乡之人昔懋迁于此者有之"(《创建上海江宁七邑公所碑》。江宁公所在新闸路456号,在建南北高架时拆除了)。有相当数量的南京人进入上海后,择上海县城南门外定居下来,逐渐形成了一条以南京人集中居住的街区,于是,这里就被人们叫作"南京街"。

当1853年太平天国定都南京时,已有相当一部分苏南商人也随逃难人群进入上海。1860年时,以忠王李秀成率领的太平军东进,先后攻陷了镇江、常州、无锡、苏州等苏南的大部分城市,于是,又有大批苏帮珠宝业商人进入上海,他们择城北侯家浜(今侯家路)一带设摊做生意。珠宝玉器是价格昂贵的商品,鉴别珠宝的优劣和真伪又是一门极为高深的学问,有些奸商利用消费者缺乏对珠宝的识别能力,使用以次充好,以假冒真的手段牟取暴利,这不仅损害消费者的利益,毁坏了市场的信誉,而且还直接破坏了市场秩序和损害了守法商人的利益。同治十二年(1873年),以沈时丰为首的苏帮珠宝商人发起成立了一个叫作"珠宝业公所仰止堂"的同业机构。这个"仰止堂"名取得非常得体。《诗经》中有"高山仰止,景行行止"的句子,其大意是:"伟人崇高的品德犹如高山令人敬仰,他的品行永远是我们学习的榜样",同时,"玉出昆冈",美玉产自大山,是石的灵魂。"仰止"即告诫珠宝商人应该有玉石一样的高尚品德。设在侯家浜的珠宝业公所仰山堂也是珠宝市场的管理机构,章程规定:"不论珠宝翠玉,凡属赝品,概不准携入销售,致为本汇市名誉之累",绝对禁止伪劣商品进入汇市。仰山堂还是一个珠宝的鉴定和仲裁机构,客人如对该汇市出售的珠宝质量和价格发生疑问,可以到仰山堂的指定机构重新评估和仲裁。珠宝业公所仰山堂及珠玉汇市的建立,改变了上海珠宝商业的形象,促进了上海珠宝业向健康、繁荣发展,同时,也有利于商人的守法经营。

侯家浜珠玉汇市的兴旺,又吸引了原来分散经营的京帮珠宝商向侯家浜转移,由于京帮商人不愿受苏帮的仰止堂约束,于是,京苏两帮的矛盾开始发生,并日益深化。光绪中期,珠宝业公所仰山堂计划创办一所同业子弟学校,要求各帮商人根据营业收入交付捐款,部分京帮商人认为京帮商人子弟须入该校求读者不多,拒绝交付捐款,于是双方发生争执,并从争执发展到冲突。上海知县为了维护市场和社会秩序,只得下令关闭汇市。1908年秋,新上任的上海道蔡乃煌出面组织调停,双方才达成妥协,双方协议:京帮承认珠宝业公所仰止堂以及珠玉汇市属苏帮产业;苏帮同意,以五年为期,京帮必须建立自己的汇市,在京帮汇市建立之前,苏帮同意京帮商人仍在珠玉汇市中设摊营业。就在此协议生效的第二年(1909年)侯家浜填河筑路工程完成,沿路有若干空地,于是苏帮即集资二万六千余两购进原汇市对面的空地重建汇市——新珠玉汇市。为避免与京帮的冲突,又另建了珠宝业公所韫怀堂。"韫怀"一词出自西晋文学家陆机的《文赋》词句,讲:"石韫玉而山辉,水怀珠而川媚"——藏有美玉的大山才显辉丽,怀有宝珠的深水更显妩媚。几乎在此同时,京帮也集资购进原仰山堂的北面建立自己的汇市和公所,公所即沿用原珠宝业公所仰山堂旧名。

民国以后,根据《公会组织法》之规定,上海同业中必须建立同业公会,以替代原来的同业公所,于是原珠宝业公所仰山堂和韫怀堂同时解散,另行建立统一的上海市珠玉业商业公会,址即今侯家路26号,即今上海玉石雕刻厂厂址。原汇市分别称振兴珠玉汇市(今侯家路73号)和新珠玉汇市(今侯家路25号)。解放后,政府提倡俭朴生活,珠宝玉器是高档商品而销量下降,原珠玉汇市也被改作他用。

城隍庙的工艺品

据记载,折扇是从朝鲜或日本传入的,宋人赵彦卫《云麓漫钞》卷四中讲:"今人用折叠扇,以蒸竹为骨,夹以绫罗,贵家或以象牙为骨,饰以金银,盖出于高丽。《鸡林志》云:'高丽叠纸为扉,铜兽靥环,加以银饰,亦有画人物者,中国转加华侈云。'"至迟在晋朝,中国的知识分子在高谈阔论时就有手持一种形状似鹿尾的驱虫、掸尘用具的习惯,这种东西叫做"麈尾",借以助兴,所以清淡或高谈阔论也叫做"执麈",当折扇传入中国后,它就替代了麈尾,成了知识分子喜欢和必持的日常用品,直至今天仍有影响。钱化佛述、郑逸梅撰《三十年来之上海·五花八门之藏扇》中讲:

> 古人四季都手执着那么一柄,几乎成为习惯,一般游艺家,却饶有古风,不论寒暑,扇不离手,那是帮助小动作,使表演方面,越发尽致。鄙人虽会粉墨登场,可是已很久不弹此调,但嗜扇成癖,每年梨花寒食,即开始用扇,直要到龙山落帽为止。

折扇只是一件扇风消暑的日用品,但当它成为人们喜欢和必持的时髦用品后,它就成了一种装饰品、工艺品、艺术品,其制作材料越来越精益求精,工艺的要求越来越高。折扇一般分作三大部件,就是扇骨、扇坠、扇面。扇骨的材料有湘妃竹、棕竹、斑竹、红木、檀香木、鸡翅木、玳瑁、兽骨、象牙等;扇面多为纸质,可以在扇面上绘画题词,于是,仅折扇业就形成一个行业,称之"笺扇"。在上海开埠之前到开埠后的相当长一段时期里,笺扇业大多集中开设在老城隍庙一带。

任熊(1823—1857年),字渭长,号湘浦,浙江萧山人,后来在上海城隍庙鬻画为生,并成为著名画师。任伯年(1840—1896年),浙江山阴(今绍兴市)人,初名任润、任颐,字小楼,幼年随其父习画,后移居上海,也在城隍庙笺扇店卖画。早期,他为争取生意,绘画和题书多模仿任熊,甚至落任熊的款。此事被任熊知道后,任熊就找到这家卖假画的笺扇店,见一青年人在卖扇面,就提出希望"任熊"当场绘画,任伯年只能推说"任熊不在,你可以过几天来",于是任熊又问:"任熊是你的什么人",任伯年只能推诿地讲:"任熊是我叔叔",于是任熊直接告诉任伯年:"我就是任熊",任伯年大窘,不过,任熊还是收任伯年为徒弟,成为师徒俩的一段佳话。

孙家振(1863—1939年),字玉声,号漱石,别署海上漱石生、退醒庐主人等,著名报人、文学家、上海闻人,著有《海上繁华梦》等以上海为背景的小说多种,他的《退醒庐笔记》中讲:"余新居在沪北,等于燕子营巢,年无定所,而先人之敝庐则在沪南里篯竹街,已历二百余年,屋经三次改建,地址虽不甚宽,院落尚多空气。"同书《吴昌硕三绝》中讲:"前清壬辰、癸巳(1892、1893年),先生卜居沪南之升吉里,与予家相隔咫尺,以是暇辄晤叙",可见,吴昌硕到上海时也是居住在南市篾竹弄一带的。钱化佛与吴昌硕的关系十分密切,他在《三十年来之上海·三位吴姓艺术家》中讲:吴昌硕初来上海时"住在笺扇铺楼上卖画,一扇取润两百文",应该讲收费十分廉价的,后来得到白龙山人王一亭的帮助,才使他的知名度不断上升,开价也越来越高。据记录,清朝时上海城隍庙有大小笺扇店不下三十家,据1920年版《上海商业名录》,当时记录的笺扇店共五十六家,其中有二十四家开设在老城隍庙,它们是:二雅堂、九经堂、十二楼、文宝轩、仁锦堂、石松阁、明月楼、青莲宝昌记、俞泰松、益锦堂、梅花馆、得月楼、堃华堂、紫霞阁、萃华堂、萃新堂、黄仁昌、笔华楼、漱墨斋、蔡仁昌、锦昌、丽云阁、艺兰堂、耀华堂等,还有许多家也开在离城隍庙不远的地方。

笺扇店就是专卖扇子的扇庄,另备有房间备画家使用,画家收取笔润,扇庄收取材料费、加工费,画家的知名度难以提升,收费也难以提高,清末,在王一亭等的努力下,上海城隍庙的画家联合组织"海上书画善会",开始租借豫园得月楼展示画家的作品,并当场出售,有

福佑路古玩市场

点像今日的"画廊",使许多画家得益。

中国的牌九、麻将之类的牌是用竹、骨制作的,上面为竹,下面为骨,均称之"骨牌"。牌九在民间流行较早,玩法单一、呆板,一般适宜于赌博,麻将的出现可以追溯到清康熙至乾隆年间,成型于嘉庆以后,早期仅流行于妓院中,大概到20世纪初,麻将逐渐在上海民间流行,并传入西方,英文音译为"Mah-Jongg"。骨牌除了要把骨和竹合成牌外,还要在骨上刻花,这是费时费力的技术活,于是,原城隍庙的工艺艺人改行做牌九、麻将,清末《图画日报》绘"做骨牌"的配画文说:

骨牌作里做骨牌,牌心活象真象牙。
三十二张点子要清爽,控花麻雀更须刻得花纹佳。
骨牌虽然做得好,无奈害人真不小。
有牌只想赌铜钱,荡产倾家性命都难保。

上海还是麻将的主要出口地,城隍庙的骨牌作坊生产的麻将部分在上海销售,大部分是出口或来料加工,到1927年,上海城隍庙的骨牌店至少有三十余家。

城隍庙的饮食与食摊

茶和酒是中国的国饮，富人需要，穷人也需要，于是，凡有人聚集的城市乡镇总归会有茶楼酒肆，人们也以"茶楼酒肆鳞次栉比"比喻和形容地方的繁华。我以前抄过一商店联句：

为名忙为利忙忙里偷闲吃杯茶去
谋衣苦谋食苦苦中有乐拿壶酒来

古代上海的茶馆是兼卖酒的，穷苦人饮酒是苦中作乐，生意人品茗是忙里偷闲。毫无疑问，在上海开埠之前，上海的茶楼酒肆集中在城里，城隍庙是上海餐饮业发达的区域。近代以后，啜茶饮酒仍是人们最主要的休闲方式，租界就成了上海茶楼酒肆最集中和发达的地区。但在城隍庙，仍有湖心亭、春风得意楼、四美轩、第一楼、春江听雨楼、鹤园、访鹤楼、雅叙楼、赏乐楼、乐圃阆等多家，虽不能称之"鳞次栉比"，但也是茶楼最密集的区域。

城隍庙的茶楼中湖心亭和得意楼最著名。首先,湖心亭位于荷花池内,是一幢独立的中国亭式建筑,与附近的建筑有明显的差异,虽然荷花池的面积不大,但在湖心亭的楼上可以环视四周,俯视九曲桥上川流不息的人群,至少也算是沪城一景。前面提到,在同治七年(1868年)湖心亭的业主还是上海青蓝布业公所,大概几年后就改为茶馆了,上海人民出版社出版《清代日记汇抄》收录无名氏《绛芸馆日记》于同治十年五月二十九日(1871年7月16日)中记:

> 二十九日。戊午。晴。甫经起身,伯珠即来,邀至邑园湖心亭茶话,并买小点充饥,子槎亦来畅谈。

不论是定居在上海的侨民,还是初来乍到的外国商人,都会把城隍庙当作上海 native city 的典型,于是,湖心亭茶馆是侨民白相上海必去之地,留下的照片也特别多。据记载,清末民初湖心亭的老板叫刘慎康,他颇具商业头脑,在茶馆的布局和定价上有精心设计,楼上设计为雅座,茶价以人头计价,每客三角,当时银元与铜钱通用,一块银元等于十角,一块银元兑铜钱二千文,三角约等于六百文,当时的六百文大概可以买七八斤猪肉,或一只很大的老母鸡,所以,一般人不敢问津,这里环境优雅、安静,就成了白相城隍庙的外国人的好去处。而楼下又分隔为内座和外座,内座两人一壶,早茶七十文,午茶一百文,外座更便宜一些,这也算是生意经,到此地品茶者可以分为两大类,一类是本地茶客,他们是来"孵茶馆"的,可能会在茶馆里"孵"上几个小时,价格

城隍庙湖心亭茶楼

当然高一些,一类是城隍庙的游客,他们只是到茶馆息息脚,解解渴,坐不了几分钟就会赶路,价格当然应该便宜一些。今天,湖心亭茶馆仍实行楼上楼下差价的经营方式。

春风得意楼与湖心亭隔湖相邻,在今天的"绿波廊"处,约清光绪初年由一位叫松涛的人创办的,初名"玉泉轩"。我查了《中国人名大辞典》,汉人中几乎没有"松"姓,查到几位姓"松"者也均为满人,估计这位松涛就是满人。据说他也是一位读书人,但考试成绩很不理想,后来通过"捐例",就是用钱买了一个"监生"的学位,大概相当于今日的"在读大学生",这种学位是虚的,他不必,也没有资格进国子监读书。大概到了光绪中期,由于茶馆易主,玉泉轩也改称"春风得意楼"。

上海开埠后,茶楼酒肆也是"十里洋场"最重要的冶游方式,是妓女出没之地,1883年刊印上海人黄式权(名协埙,号梦畹,任《申报》主笔)《淞南梦影录》中讲:

> 茶馆轩敞宏大者,莫过于阆苑第一楼者。洋房三层,四面皆玻璃窗,青天白日,如坐水晶宫,直觉一空障翳。计上、中二层,可容千余人,别有幽室数楹,为呼吸烟霞之地(即鸦片烟室)。下层则为弹子房。初开时,声名藉藉,远方之初至沪者,无不趋之若鹜。近则包探捕役,娘姨姘头,以及偷鸡剪绺之类,错出其间。

租界内的茶馆没有对女子进出茶馆的禁令,于是这里就成了妓女们的"新天地",吸引了更多的市民到这里"绕楼四面花如海,倚偏栏槛任品题",到这里采花扑蝶,拈花惹草。清代竹枝词有关上海茶馆的诗咏颇多,如:

> 松风阁与桂芳邻,鬓影衣香丽水春。
> 莫笑相如多竭病,可知佳茗胜佳人。
> ——六勿山房主人《申江百咏》

> 台名丽水上三层,龙井珠兰香味腾。
> 楚馆秦楼环四面,王孙不厌曲栏凭。
> ——佚名《春申浦竹枝词》

青霞一口暂勾留,阆苑申江第一楼。

偏是游人多艳福,佳人佳茗竟双收。

——湘湖仙史《洋场繁华小志》

上海城里的茶馆依然保持传统,很少会有女子进入茶馆啜茶,由于得意楼与城隍庙相近,二者的后门几乎相对,从总体上来讲,上海的妓女们的思想是比较开放的,但心灵中的阴影始终难以抹去,每逢节日,妓女们会主动到城隍庙敬香,祈求城隍宽恕她们不贞的行为,敬香后她们就会到与城隍庙相近的得意楼憩息。环境的变化又使妓女们回复到原来的状态,她们在茶馆里谈笑风生,招惹客人。当时上海的巡防保甲局相当于后来的警察局,是维持地方治安的机构,光绪二十四年元宵(一说为光绪二十三年年夜),巡防保甲局以茶馆"男女混杂,有伤风化"的名义冲击和查封了得意楼,得意楼老板也深知"醉翁之意不在酒,在乎山水之间也"的道理,愿意认罚,主动交了三百元银洋了结此事。

与租界茶馆的繁华相比较,城隍庙的茶馆显得平民化多了,只能是一个提供游客憩息的场所。

一直到民国,上海殡仪中还保持这样一种风俗,人们认为人死亡后他的灵魂就要回归到阴曹地府,那里归城隍管辖,阴世与阳世一样,也有户口制度,也要安居乐业,于是当家人逝世后,就要举家身披丧服,腰系草绳到城隍庙进七天的香,并大声呼喊亲人的名字,告诉城隍有人到阴世报到,祈求城隍及时给他报上户口,安置就业,这种风俗称之"叫七香"。中国道教在饮食上并没有戒律上的限制,但是遇重要的礼仪时还应该有所节制,以素食为主。据说在光绪中期,有一徐姓的商人瞄准了这个势头,在方浜的城隍庙"保障海隅"牌楼的西隔壁开了家叫"隆兴馆"的素菜馆,楼上供应素斋,楼下供应素面,这大概是城隍庙地区出现最早的素斋了。由于服务的对象主要是"叫七香"者,开业后生意不错,但品质和价位难以提升。不久,隆兴馆老板又购进原城隍庙西园"凝晖阁"旧址(今凝晖路21号)另开了一家叫"春风松月楼"的素菜馆,由于经营得法,使它成为上海早期较著名的素菜馆。

"帮"的本义是鞋帮,就是鞋面。古代的鞋子多为布鞋,鞋子通常由鞋帮和鞋底组成,将布剪成鞋面后,必须用布条将鞋面的边缘"滚"起来,也就是"封锁"起来,可以使鞋帮更牢固,并且有相对固定的形状,明确的边缘。"帮"又同"邦",指区域、地区,于是又指以同一地区或行当为某种利益而组织起来的团体。如福建帮、广东帮、山东帮、安徽帮等。清康熙开放海禁后,近海和与上海相近的省的商人进入上海,并把他们的菜系带进上海,上海就按区域或地区把菜系分为京帮、苏帮、徽帮、广帮等,于是上海本地的菜系就被叫做"本帮"。据《光绪上海县续志》中说:

> 饮馔品,本帮而外,若京、苏、徽、宁各帮皆较奢靡,今则无帮不备。月异日新,即盛馔器往往舍簋用碟,步武欧风……本帮见存者仅邑庙人和馆一家,开设垂百年,至今犹略存古朴云。

从清光绪上推百年,这家叫做"人和馆"的本帮菜馆应该创办于1800年左右,是名副其实的百年老店了。在1936年以前的《上海指南》之类的手册中还能见到——"人和馆(本帮)。小东门内馆驿路九三号",可能是1937年八一三淞沪战争时,南市遭兵燹,人和馆一度开闭,约1938年迁法租界恺自迩路(后来的金陵中路79—81号)旧店新开,几乎与此同时,有一刘姓者也在公共租界二马路(九江路521号)开了一家"人和馆"的本帮菜馆,双方还为"人和馆"的招牌权对簿公堂,由于原来的"人和馆"已中断营业一年,难以断定谁冒用了谁的店招,更在于新开或重开的"人和馆"分属公共租界和法租界,法官也无权干涉另一租界的民事争端,最后以调解结案,公共租界九江路的"人和馆"冠以"新记"而称"新记人和馆",在法租界老店新开的"人和馆"冠以"老"字,称"老人和馆",省称"老人和",在相当长的一段时期里仍为本帮名店,以猪油菜饭和糟醉食品闻名沪上,我曾在那里吃过猪油菜饭,买过糟醉食品。约1993年,"老人和"所处的地块被动迁,旧址上建造了"无限度广场",这家真正的上海本帮百年老店也走到了尽头。

上海是港口城市,是"五方杂处"之地,清乾隆时就有人作竹枝词说:"街头巷尾皆吴语,列数祖宗皆客家",在上海街头听到人们讲的都是上海话,如追溯他们的祖先,大部分是各地进入上海的移民。各地方的菜系也随移民进入上海,上海人就以地域把各地菜系分为鲁帮、广帮、闽帮、川帮、扬帮等,当然,上海本地菜系就被叫做"本帮"。在1840年之前,上海只是一个近海的县城,与相近的经济富庶的苏州、杭州等城市相比较,上海只能是一个穷乡僻壤之地,是上海人讲的"乡下头",所以,所谓的"本帮菜"就是今日所谓的"农家菜",充其量也就是厨师在婚丧喜庆中烧的菜,比"农家菜"有余,比商家菜不足,它的另一特点就是"卖相不灵",但经济实惠。"糟钵头"就是其中之一。在农村,逢年过节,婚丧嫁娶,都要杀猪,一般讲,猪内脏及猪头、猪爪是不用于筵席的,也即上海人所谓"勿上台面"的。于是,就有厨师在考虑如何充分利用这些猪下脚。刻印于清道光的《淞南乐府》是以诗歌记叙上海风情的著作,作者讲:

> 淞南好,风味旧曾谙。
> 羊胛开尊朝戴九,豚蹄登席夜徐三。
> 食品最江南。

作者原注:

> 羊肆向惟白煮,戴九创为小炒,近更以糟者为佳。徐三善煮梅霜猪脚。迩年肆中以钵贮糟,入以猪耳、脑、舌及肺、肠、胃等,曰"糟钵头",邑人咸称美味。

厨师对不值钱的猪头、猪爪、猪内脏经处理后放入钵头中,以醉糟的方式加工成冷菜,就被叫做"糟钵头",是本帮菜肴中著名的冷菜。上海城隍庙的许多菜馆供应"糟钵头",后来又以"老饭店"的"糟钵头"最著名。其除了用作冷菜外,还通过改良烹饪工艺,再添加其他食品,以大锅烧煮,分装到砂锅后再煮沸上桌,仍称"糟钵头",有汤汁浓白、吃口滚烫、糟香浓郁、色泽清爽之特点,是本帮菜肴之特色菜之一。

小热昏与梨膏糖

中国的许多庙宇有自己的宗教节日,每逢节日,信徒香客会从四面八方赶到庙宇,庙宇也举行相应的宗教仪式、活动,于是就形成所谓的庙会,同样,各种商贩也不会错失良机,纷纷

软糖担

赴庙设摊,于是,庙会又称庙市,它不仅是宗教活动,更是一个地区的商业活动。上海城隍庙的商业活动也是从庙会发展成庙市的,唯一不同者,其他地方的庙会或庙市受时间、时期的限制,而上海城隍庙天天是川流不息的人群,天天有庙会,天天是庙市,日积月累,这里也出现了一些可以称之"品牌"的食品和商品。

上海城隍庙出品的梨膏糖是著名糖果,据称有一定的止咳作用。坊间传说:唐太宗的谏议大夫(后度任侍中)魏征的母亲得了咳嗽气喘

的病,久治不愈,病情一天比一天严重。一天,老太太想吃梨,魏征立即派人去买,可老太太牙口不好,嚼不动梨。魏征就把梨切成小片熬成梨汁,才发现母亲特别喜欢吃梨汁,于是,魏征就在梨汁中加入止咳平喘的杏仁、川贝、茯苓、桔红等药材后熬成糖块,老太太特别喜欢吃,一连吃了十几天,不仅咳嗽气喘病好了,食欲也大增,魏征还把自己调制的梨膏糖配方告诉同僚朋友,民间就出现了这种有止咳平喘疗效的梨膏糖。此只是坊间传说的故事,找不到任何根据,信不信由你。

旧时上海的梨膏糖大多是由一位表演"小热昏"的说唱艺人推销的,中国艺术研究院音乐研究所编《中国音乐词典》(人民音乐出版社1985年版)是这样释文的:

> 小热昏 曲艺的一种。流行于上海市和浙江省杭州、嘉兴、湖州一带。形成于本世纪二十年代。起初为卖梨膏糖时招徕顾客所唱。著名爱国艺人杜宝林首先进入杭州大世界游艺场用以说唱时事新闻和短小故事,借以揭露当时的社会黑暗,初名"醒世谈笑",后称"小热昏",曲种因以为名。演唱风格以活泼生动、语汇丰富、风趣滑稽为其特色。

徐青山,艺名"小福人",是上海"小热昏"的最后一代传人。1996年七十八岁时,应上海电视台之邀在上海城隍庙荷花池畔作小热昏卖梨膏糖表演。我为该节目的顾问,遂有与徐青山先生在湖心亭茶室聊天的机会。他认为"小热昏"可能起源于"卖朝报",他很小就拜"小热昏"赵

1997年10月,本书作者与"小热昏"传人徐青山在城隍庙湖心亭茶室交谈

阿福(艺名"天官赐",是"天官赐福"的藏尾语)为师,以唱"小热昏"卖梨膏糖为生。十八岁时出席过赵阿福八十岁生日,他还说,赵阿福约二十岁时就因唱"小热昏"而有名气,以此推算,"小热昏"作为一种民间街头说唱曲艺,大概在1880年左右就出现了。

上海是中国最早出版发行报纸的城市,1850年,英国人亨利·奚安门(Henry Shearman)在上海创办"字林洋行",8月3日,中国的第一份英文报纸《北华捷报》(《North China Herald》)出创刊号,1864年6月1日起改名《字林西报》(《The North China Daily News》),直至1951年3月31日终刊,发行时间长达一百余年,是中国创刊最早,发行时间最长,影响深远的报纸。1861年,字林洋行又出版该报的中文版《上海新报》,也是中国出版的第一份中文报纸。1872年英国人美查

(Frederick Major)等在上海创办"《申报》馆",4月30日,《申报》出创创号,之后上海的中文报纸大量出现。早期中国没有邮政,除部分订户由报社派人专送,大部分报纸通过报贩零售,早期报纸只有日报,清晨报贩就要赶往报馆批发报纸,于是,早期的报纸又叫做"朝报"(朝音义均同"早"),为了推销报纸,报贩会把当日的社会新闻重新编成通俗易懂,朗朗上口的曲艺节目,边唱边卖,上海人称之"卖朝报"或"唱朝报"。清末上海环球社出版《图画日报》绘有"卖早报"图,配画文说:

> 小锣敲得咯咚咚,肩上招牌插一方。
> 新出新闻卖早报,三文二文便可买一张。
> 此等朝报向来有,瞎三话四难根究。
> 如今世界开通报纸多,还向街头出怠丑。

显然,"卖朝报"与中国其他的"叫卖"一样,是一种推销报纸的方法和手段,只是"叫卖"的内容更丰富,涉及到当时报纸中的社会新闻,后来有所谓"卖报歌",应该是与"卖朝报"一脉相承的。

《图画日报》的"上海社会之现象"栏中又绘有"小热昏之瞎嚼蛆"一画,足以证明上海的"小热昏"并非"形成于本世纪(指20世纪20年代)",至迟在清末已出现并广为流行。作者有长段的文字说明:

> 沪上有种似说书非说书,似唱曲非唱曲之人,手持竹片二爿,沿街卖唱,俗呼"小热昏"。所唱之句,甚属鄙俚,然亦有劝人戒

《图画日报》绘"小热昏之瞎嚼蛆"

嫖、戒烟、戒赌、戒酒等歌,于社会或未尝无益。独是若辈人格极贱,故喜摭拾里巷间一切淫秽之事,编成句调,随意乱唱,如所谓瞎嚼蛆者,以图多获曲资,此则大为风俗人心之害,有不可不禁者。

如此看来,"卖朝报"与"小热昏"的形式是大致相同的,只是"卖朝报"使用的响器为小锣,"小热昏"则为竹爿,"卖朝报"为推销报纸,"小热昏"似乎不卖具体的东西,而就是卖艺。老友完颜绍元撰有《城隍庙的茶馆和茶食》一文,载于上海市政协的《浦江纵横》中,也提到了上海的"小热昏",文曰:

再有一个就是迄今大名贯耳的"小热昏",原籍苏州,真姓实名似已失传了。现在一般讲法多谓"小热昏"是一个卖梨膏糖朋友,好像有点误差,据孙玉声自幼及壮亲眼所见,是一个卖橄榄朋友,大致情况是:每日午后二时为始,日落为止,都有一夥人在钱粮厅茶肆前的旷地上卖橄榄,好几个大橄榄桶,加上其他做生意的家什,要摆蛮大一个场子。深秋至春,卖青橄榄,夏日则卖腌橄榄。其分工,有的人站在桶边称橄榄,有的人专司收铜钿,还有一人高高地站在一个木凳上,左手按红木檀板,右手敲小台鼓,引吭发声,唱四言或七言小曲,当中还要穿插道白,吴音清脆,闻之悦耳,吸引了无数过客伫足聆听。一曲唱毕,随即向人兜售橄榄。好多头一次听他说唱的人不知道此为招徕顾客的办法,当他是卖艺的,遂给以钱,他照样收下,但又说我不是卖歌的,不能妄受一文,随手将钱交给同夥,夥友则按值数给人家橄榄。其人最大的本事就是"唱新闻",即当天有什么市民哄传的突发事,新鲜事,感人事,第二天他就能编成曲白当众演唱了。大概是怕事实或有出入,惹出什么"诬陷"罪、"诽谤"罪,待会儿衙门里立案来捉人哉,所以每次唱新闻以前,必定先向大家打招呼,说我是"小热昏",今朝唱格末事全得自街谈巷语,不足取信。如有谬误,大家原谅我是随口热昏,勿作数格。由是"小热昏"之名大著,虽三尺童子亦无有不知其人者。据孙玉声记忆,这个苏州籍小贩如是者以唱歌曲售橄榄数十载,直到年老不能登场而止,而"小热昏"三字已喧传于世。同时仿照"小热昏"文化搭台经济唱戏者,大有其人矣!

"热昏"是吴方言词汇,义同发昏,我曾请教徐青山先生,这种曲艺为何被叫做"小热昏",他认为当初赵阿福在苏州玄妙观以卖唱方式推销梨膏糖,因唱词多随口编撰,信口胡言,荒唐离谱,听者遂以"吾看哩哚来勒热昏哉"(我看侬大概是头脑发昏),为了逃避警察先生对他胡编乱唱的追究,他也干脆以"哩今朝热昏哉,唱格事体勿作数格"(我今天头脑发昏,所唱的内容不能当真),于是就被人们叫做"小热昏"。我想此说还是合乎情理和事实的。

中国古代的糖称之"饧(xíng)",主要是指用粮食做的麦芽糖、饴糖等,甜度不高,福建、广东等南方地区也种植甘蔗,但无法将蔗糖浆结晶为砂糖,于是只能在蔗糖浆中添加一些粉状物,使糖浆凝结成块状,就成了红糖、黄糖,甜度远低于砂糖,早期的梨膏糖就是以红糖或黄糖为原料,加热溶化后滤去杂质,再添加中草药,冷却定型而成,一般讲,它只是一种初级的糖果,不见得有止咳平喘的疗效。进入20世纪后,西方的太妃、牛轧、水果糖大量进入上海后,梨膏糖的销路锐减,只有"小热昏"们在推销梨膏糖。

有趣的"双档"

城隍庙吃食摊

上海城隍庙犹如天天举办的庙会、庙市,客流量很大,白相城隍庙的游客一定会遇上饥、渴、累的难题,于是,城隍庙最多的就是小吃店和摊贩,价廉物美、便民亲民。上海一种称之"双档"的小吃就出自城隍庙。

所谓"双档"实际上就是油面筋百叶包合煮的汤。今天,上海老城厢大东门内还有一条叫做"面筋弄"的小路,据《光绪上海县志》卷三十中讲,大概道光初年,这里居住着一位叫薛二官的平望人,善于制作面筋,于是每天就有许多商贩到这里批发面筋,再分销到其他地方,于是又有更多的人在这里开设面筋作坊,这里的一条小路也被叫做"面筋

弄"。"面筋"一词最早见于北宋的著录,如北宋学者沈括《梦溪笔谈·辨证一》:

> 予出使磁州,锻坊观炼铁,方识真钢。凡铁之有钢者,如面中有筋,濯尽柔面,则面筋乃见,炼钢亦然。

沈括的《梦溪笔谈》中涉及到中国古代的一些科学技术,他自己也有独特的见解,于是,《梦溪笔谈》被今人认为是一部科学之作,当然,沈括也被今人认为是一位古代的科学家。实际上沈括只是一介书生,只是凭自己的直观议论一些科学问题,距一位真正的科学家还远着呢?纸上谈兵,也不见得很科学,就如他把锻炼钢铁和制作面筋混为一谈,不仅不科学,甚至与科学格格不入,但有一点可以肯定,他讲的"如面中有筋,濯尽柔面,则面筋乃见",就是今天人们当作副食品的面筋。

李时珍《本草纲目·谷部第二十二·小麦》中有一段叙述:

> 面筋,以麸与面,水中柔洗而成者。古人罕知,今为素食要物,煮食甚良。今人多以油炒,则性热矣。

李时珍讲的"古人"往往是唐朝以前的人,但到了明朝,面筋已成为"素食要物"。我童年时听说用面筋可以粘知了(蝉),于是会偷着把面粉装到一只自己缝的小布袋里,放到水里不停地揉和洗,确实可以得到很少的面筋,但并不黏,我也从未用自制的面筋粘到过知了。实际上,制作面筋时必须使用一定比例的盐水来揉面,使面粉中的蛋白质与盐水结合后成为不溶于水的蛋白质,再加入更多的水,以踩踏的方式搓洗去麸皮、淀粉,就得到面筋,如清末出版的《图画日报·踏面筋》的配画文中说:

> 面筋店里踏面筋,终日不怕脚指疼。
> 面筋虽好脚凹臭,奈何食者如不闻。
> 况有脚皮与脚屑,踏入面筋更不洁。
> 岂因无锡之人脚最鲜,故而面筋出名算无锡。

到了近代以后,上海的面筋作坊大多是无锡人开设的,直到今天,上海人仍认为"无锡面筋"的品质最佳。

得到的面筋直接在清水中煮熟,上海人称之"水面筋",将生的面筋揉成小圆子,放入油锅中炸,会迅速膨胀成一大圆球,上海人称之"油面筋"。李时珍是一郎中,他是从医学的角度讲"今人多以油炒,则性热矣",但从食物的角度来讲,更多的人会喜欢"油面筋"。

"百叶"在浙东一带又称"千张",是一种豆腐皮,就是在制作豆腐过程中以加压的方法滗去豆腐中85%以上的水分,得到的就是含水量很低的豆腐皮,在上海,稍厚的百叶称之"厚百叶",更薄的称之"薄百叶",厚百叶多切丝后炒食,薄百叶多用来包裹肉糜,称之"百叶包"。

据说,最早有一位俞姓的商人在城隍庙设了一油豆腐粉丝摊,价廉物美,有汤有物,足以解决游客的饥渴,后来就租了门面开了一家叫

油豆腐粉丝汤、排骨年糕担

做"兰斋"的点心店，店面大了，就得增加品种，于是尝试制作各种有汤有物的点心，其中就有"油面筋百叶汤"。家庭制作的油面筋塞肉的方法比较简单，只要将肉剁成糜，加上调味料，再用筷子或手指把油面筋凿一孔，把肉糜填塞到油面筋里就可以了，但城隍庙点心店或点心摊的做法略有不同，将生面筋当皮，裹上肉馅后入油锅炸至金黄，此时外层的面筋与内裹的肉馅已成熟食，捞起后再放入沸水中稍微煮一下，这样烹饪出的面筋的口味、口感介于油面筋与水面筋之间，正是与传统家庭制作不一样，才能得到游客的欢迎。除了"兰斋"点心店外，城隍庙供应"油面筋百叶包"者多为摊点，而且往往是多家摊位相连，清代还没有大号的钢精锅（即铝锅），摊点大多使用定制的大号紫铜锅，许多只大紫铜锅一字排开，混杂着食物香味的烟雾冉冉升起，煞为壮观，煞是诱人，也成了城隍庙的一大景观。粗人也需要雅致，"油面筋百叶包"作为商品名称实在太长，也太"下里巴人"。清朝末年，人们就把这种食品叫做"鸳鸯"，买一碗油面筋百叶包叫做"来一件鸳鸯"，我没读到过上海人为什么把这种食品叫做"鸳鸯"的解释文章,我想,一只碗里浮着一只油面筋塞肉,一只包叶包,百叶包为长圆条状,油面筋为圆球状,令人联想起男人和女人的命根子,像浮游在水面上的鸳鸯——上海人嘴贱,但尚属文雅。清代,中国禁止男女同台演出,"十里洋场"的上海也不例外,上海地近苏州,曲艺演出以苏州的评弹为主,到了清末民初,部分艺人和书场冲破传统,男女搭档出演,称之"拼档"或"双档",这也算是新生事物,于是有人改称"鸳鸯"为"双档",并沿用至今。

旧时盛"双档"多用广口的蓝边碗,实际容量大概储水一斤,一碗内一只油面筋一只百叶包,有汤有水,有物有料,既解渴,又充饥,又解馋,价廉物美,是一种不错的大众食点。"文革"中,上海城隍庙的多家点心店仍供应"双档",据说,有人贴"大字报",批评"双档"中只有一只油面筋和一只百叶包,数量太少,根本无法填饱广大工农兵的肚皮,是一种迎合资产阶级女士先生的点心。于是,从城隍庙开始,"双档"的碗又改用更大一号的海碗,油面筋和百叶包也各增加为两只。20世纪90年代末,我参加一部电视纪录片的拍摄,其中就有上海城隍庙小吃,那家饮食店的经理很配合,特地制作了几碗"双档"——仍然是一海碗内有一对油面筋和一对百叶包。不知今日的城隍庙点心店是否仍有"双档"供应,那碗里游着的是一对"鸳鸯",还是两对"鸳鸯"。

鸡鸭血汤和油豆腐粉丝汤

以前，上海的家禽市场主要供应活家禽，市民购买后回家自己宰杀，鸡鸭的内脏也由家庭自己处理，清洗后可以食用。美发洋行由美国人美雷茨基(H. Merecki)创办于1922年，主营食品进出口业务，为了食品保鲜，在上海设有冷库，约30年代时开始加工、生产奶制品和蛋制品，生产的"美女牌"冷饮在上海市场占很高的份额，该厂设在虹口香烟桥，1937年"八一三"淞沪战争后虹口沦陷，该厂也被日军占领，开始生产军用食品，主要是食品罐头，于是，该厂每天宰杀大量活鸡、活鸭，鸡肉鸭肉用来生产罐头，内脏则集中后批发给小商贩，多加工为熟食出售，价格十分低廉，据说有一位叫华阿菊的妇女从食品厂批发鸡鸭的内脏后，在城隍庙大殿的门口设了一食摊，专门出售用鸡鸭内脏制作的汤食，就叫"鸡鸭血汤"。制作方法十分简单，就是把鸡鸭的肫、心剖开，留肝去苦胆，放入汤锅中烧熟、煮透，捞出切碎；肠用剪刀剖开洗尽，再用碱水或盐搓捏后洗净，放入锅中煮熟，再剪成长条状；母鸡腹内的乳蛋，以及凝固的鸡鸭血放入沸水中稍微煮一下后捞起，乳蛋切成小块,鸡鸭血切成长方条状,在另一格沸汤中有加酒煮成的汤,将已加工好的鸡鸭血及内脏盛入汤碗中,撒上胡椒粉即成。该汤味鲜,并融肫香、肠脆、心嫩、血滑、肝酥为一体,物美价廉,上市后就成为上海人及观光客欢迎的街头摊食,也成为上海著名小吃,于是有更多小商贩争相设鸡鸭血汤摊。由于鸡鸭血汤是汤多料少,有的摊点又在汤里加粉丝,它不仅可以解馋,还可以垫补,真是一举两得。

上海有租界,社会秩序相对稳定,上海是中国最大的城市,工业和商业发达,也有较多的就业机会,于是,中国社会的每一次战乱和动荡,就会有无数的人进入上海避难、谋生,把各地的小吃摊带进了上海,油豆腐粉丝汤也是外地进入上海的小吃之一。当然,由于消费人群和层次的不同,进入上海的油豆腐粉丝汤也经过了改良和发展,又以城隍庙的油豆腐粉丝汤最佳。制作方法:将汤骨熬汤,再将海蜒放入布袋扎紧,放入汤骨汤中煮成鲜汤,取大百叶、油豆腐浸泡水中,用手搓捏使之松软,再放入鲜汤中烧透,百叶取出后切成方块,包入已拌成的肉馅,叠成条状的百叶包,每十只百叶包扎成一捆,再放入鲜汤中煮熟,捞出待用;油豆腐则用剪刀剪开一个缺口,或剪成小块;取山东龙口干粉丝用沸水浸发,加锅盖稍焖即取出,再放入盛有冷水的容器中,食用时,将百叶包、油豆腐、粉丝放入笊篱,浸入鲜汤中稍煮一下,捞起装碗即成。口味清淡,美味可口,四季咸宜,价廉物美。

直到今天,鸡鸭血汤和油豆腐粉丝汤仍是上海著名小吃,并以城隍庙制作最著名。

城隍庙的南翔小笼馒头

中国的北方种麦,以面食为主,面制食品很多,名称分得很细,南方蓺稻,以米食为主,面食品种少,分得很粗。于是,不论有馅无馅,也不论大的小的,就有了馒头的统称。上海的面食中以城隍庙的"小笼馒头"最出名。城隍庙的小笼馒头又称"南翔小笼馒头",并已经被列入国家级"非遗"项目。

南翔是物华天宝之地,人文荟萃,经济发展,但南翔的真正发达,还得益于上海至南京的沪宁铁路。1894年的甲午战争以清朝战败而告结束,次年,中国与日本签订了丧权辱国的《马关条约》,战败再一次告诫中国人,落后是要挨打的,于是在全国掀起了政治上维新变法,经济上发展实业的运动,其重点又是在全国大兴铁路。沪宁铁路从1896年开始筹备,1908年全线通车,在南翔设有车站。南翔是千年古镇,有著名的南翔寺,有著名的古园林古猗园,还有分散的古迹,乘火车到南翔白相就成了上海人郊游的首选,据说,沪宁铁路通车后,每天从上海去南翔游玩的人数以千计,这大大刺激和推动了南翔旅游业的发展。

据说,清同治年间南翔人黄明贤在南翔镇八字桥堍开了一家叫"日华轩"的糕团店,同时也生产有馅的馒头。糕团大多是用糯米制作的,多食用易积食胀气,味道虽好,不宜多食,当饭吃不宜,当点心吃尚可,于是,"日华轩"的馒头供应逐渐大于糕团。上海地区是江南水乡,水产资源丰富,江南盛产一种被今人称之"大闸蟹"的湖蟹,进入深秋又是湖蟹大量上市的季节,价格低廉,这种湖蟹学名叫中华绒螯蟹,全身被甲壳包裹,农村人没有那么多的闲情逸致去啃蟹,大多采取"牛吃蟹",咬碎嚼味吐弃,也吃不出什么滋味和"文化",所以,产地的湖蟹更便宜,"日华轩"的老板很精明,每到湖蟹上市季节,就雇人将收购的湖蟹去壳剔肉,混入肉馅中做馒头,这种馒头就被叫做"蟹粉馒头"。原

民国时期城隍庙九曲桥,"南翔馒头"的字招十分醒目

来的馒头是当饭吃的，形状较大，上海人比较富裕、秀气，他们到南翔是旅游观光，不喜欢一吃就饱的大馒头，于是"日华轩"对馒头进行改进，首先就是要把馒头的体积缩小，而馅料饱满。传统的馒头是用发酵后的醒面制作的，醒面松软，包子的皮不能太薄，否则就会漏馅，当上笼蒸后，醒面会膨胀蓬松，包子的皮显得更厚，于是就试着改变面的发酵程度和时间，经过无数次的尝试，最后确定使用不发酵的紧面为皮，就是将面粉加水和成面团，不断揉搓使透，再将面摘成小粒，打成薄片，包入馅做成馒头，由于面揉得很透，馒头的皮也很薄，紧面也容易蒸熟，同时改原来的大笼格为小笼格蒸，以笼格为单位，一笼为一客，直接带笼格上桌，于是被叫做"小笼馒头"，"一客小笼馒头"也被叫做"一笼"。

南翔小笼馒头额定五十克面粉制作十只馒头，每只馒头馅约十五克，馅明显大于皮子，刚出笼的馒头，外观花纹清晰，呈半透明状，堪称小巧玲珑，晶莹剔透，口感则满口汁水，鲜美无比。以前，上海人去南翔是郊游，而不久后，上海人为吃南翔小笼馒头专程赴南翔。后来，南翔"日华轩"的后人和亲戚在上海城隍庙荷花池畔开了一家"长兴楼"点心店，以供应小笼馒头为主，在临湖一侧的墙上用白漆写上"南翔馒头"四个大字，两侧各书"起首老店""自创第一"，这里视野开阔，在荷花池附近，很远就能看到"南翔馒头"四个大字。上海城隍庙的商业优势比南翔高多了，于是，凭借城隍庙的东风，"南翔小笼馒头"的名气更响了。

城隍庙的烘鱿鱼干

蒋通夫,原籍浙江海盐,"居沪邑庙区数十年,擅诗书画,兼通碑刻、金石、篆刻,尤究心于地方掌故",著有《上海城隍庙竹枝词》一百四十余首,汇集付梓,是记录上海城隍庙故事颇详的著作,当然也记录了城隍庙的小商小贩,抄录部分如下:

津门油沸卖蚂蚱,海上买来只听声。

更嗜瓟卢冬日蓁,随身衣袋孵成明。

这是卖秋虫摊。

秋虫络纬叫哥哥,孩子竹笼养得多。

龙虱啖来东粤嗜,海南窜贩尽搜罗。

前面是指卖叫哥哥摊。后面的"龙虱"是广东人对一种昆虫的叫法,不知其学名叫啥,形状像蟑螂,但壳硬,深灰色,会短程飞行,会向光亮处飞行,我童年时,盛夏在路灯下经常能见到或抓到龙虱,油炸后为一种美食。

> 九狮亭上实金鱼,缸内青苔尽扫除,
> 捞得生蛆生性快,荷花池内接沟渠。

这是金鱼摊。

> 油爆时虾沸鳖鱼,熏肠熏蛋自然需。
> 挑担尤鱼烘火卖,海南咸赞味道腴。

作者有一段注文:

> 旧时城隍庙西银房弄口,一摊售熟食,洗烹清楚,价目不昂,沦陷后(指1937年上海沦陷)西面街上一摊仿佛似之,而有鹅肉,俗云"高头"。今则王三和下亦有类似者,不谈原料,其烹饪术每况愈下。此外摆摊少矣。火烘尤(鱿)鱼价极便宜,广东派宵夜店,冬日生风炉,今亦渐少。考尤(鱿)鱼生坯高低不一,卖熟者价廉,而广东店家最高者昂至普通十倍,味美质嫩。

鱿鱼形似乌贼,产量很高,身内只有一船形的骨,捕捞的鱿鱼大部分抽

出骨后晒成鱿鱼干,被抽骨的鱿鱼体软,故还被叫做"鰇"或"柔鱼",烤鱿鱼至迟在明朝就是一种美食,明胡世安《异鱼赞闰集》:

> 柔鱼,似墨鱼而身长,须脚皆相似,腹亦有墨,独中软骨为殊。生食不及脯(即干鱼),用火炙之,肉条条有纹如银丝,此海味之绝佳者。而海错杂俎,绝无记载。

我童年时,上海街头还能见到烘鱿鱼摊,经营者多为广东人,摊主推一板车,车上搭有架子,挂着无数鱿鱼干,供人挑选,整只的鱿鱼干较大,一般人买不起,于是也可以剪成小块,分段分价出售,须脚就便宜多了。板车上还备有几只红泥小炉,选定鱿鱼干后,装入一只有细铁丝做的网夹里,放到炉上烘烤,鱿鱼干的表面遇热产生气泡,发出哔卜哔卜的响声,一股香气直透心脾,还传到较远的地方。不知从何时起,这种烘鱿鱼摊就消失了。

鱿鱼干本身就干而硬,烘后水分更少,咬劲很足,但咽食困难,只能当零食,细嚼慢咽。后来改良为"油氽鱿鱼",分两种。一种用鱿鱼干放入冷水中浸泡约六小时,得到水发鱿鱼,其体积至少比干体膨胀了一倍,然后放入铁锅中加油慢火烘炒,收干部分水分后添加酱料,即可食用。还有一种就是以新鲜鱿鱼为原料,煮法与水发鱿鱼干相同。如今,上海街头随处可见这种"油氽鱿鱼"的小摊。

城隍庙的奶油五香豆

城隍庙的零食中,以奶油五香豆最出名。当然,"五香"不必就是五种香料或五种香味,只是一种用多种香料制作的有多种香味的豆而已。

上海有"五香豆"的历史可以追溯到清朝,清末上海环球社出版《图画日报》中就绘有"卖五香豆"画,配画文说:

> 五香豆,豆腐干,消消闲,骗骗囝。
> 豆豆利市口彩好,况复桂皮白芷加香料。
> 若比五香鸽子五香鸭,滋味虽殊价公道。

早期上海的五香豆大致上就是鲁迅先生笔下的浙东的"茴香豆",在烧煮的过程中加入茴香桂皮等大料,煮烂焐酥,上海人称之"焐酥豆"。大多与宁波人的"三北盐炒豆"一样沿街叫卖。

1929年出版火雪明著《上海城隍庙》中提到了一种"六香豆",说:

"邑庙内品芳照相馆左近,有一种用糖水所烧的'六香豆',其味极美,假如羼入胡椒并食,则龙凤之肝,亦失其味也。"如此看来,原来的"五香豆"不见得是一种名气较大的零食,即使是城隍庙的"六香豆"也只是"五香豆"的改良版,只是一种略带甜味的"焙酥豆"而已。

据说,有一位叫郭云洲的人也在城隍庙设摊卖"六香豆",他一直在尝试改进煮豆的工艺,改良配方,最终烧出一种与传统"五香豆"和"六香豆"完全不一样的豆。选用颗粒大而饱满的浙江余姚产蚕豆或嘉定产"三白豆",经剔选、清洗后放入60℃水中浸泡25分钟,取出后撒上精盐,使豆粒略带咸味,再放入有糖精和香草精等香料的水中再煮25分钟,使豆粒已均匀入味,再起锅晾干。此时豆的表面沾上一层薄薄的盐花,咸、甜、香适可,豆与盐花、糖精的结合,还有一股奶油香味。1938年,郭云洲就租城隍庙的门面开了"郭记兴隆五香豆店",把自己制作和销售的豆称之"城隍庙奶油五香豆",至今仍是上海名特优商品,并独家经营。

尾　声

　　城隍庙是道观,清朝上海地方政府和绅士将与城隍庙相邻的豫园收买后委托城隍庙的道士管理,由于道士的管理能力有限,于是就设立了一个"邑庙董事会",是对城隍庙及花园管理的组织和决策机构。在1924年城隍庙火灾后,为了筹款重建城隍庙,并维持城隍庙社会秩序和治安,黄金荣、杜月笙等帮会头目也入选邑庙董事会。1949年,新成立的中华人民共和国采取严厉的措施打击、取缔"一贯道",于是,上海的城隍庙进行清理和整顿,原邑庙董事会被遣散。同时,庙、花园、市场各归其主,其中庙归道士管理,花园归文化系统管理,旋进行大修重建,即今天著名的豫园花园。市场归商业系统管理,在1956年的公私合营浪潮中,原来分散的、各自经营的小店、小商贩合营后分别归属各个相关商店,小商贩消失了,城隍庙最大的特色也消失了。

　　"文革"开始后,城隍庙又成了"牛鬼蛇神"的大本营而遭冲击。道士被逐出庙门,城隍老爷被打倒在地,这里的宗教活动停止,1966年,城隍庙建筑改为上海工艺品商店,上海金饰品著名品牌"老庙黄金"就与此有密切的关系。

1988年,经上海市政府批准,上海城隍庙归还道教,是全国第一家归还道教的城隍庙,上海市道教协会即对城隍庙进行大修,1995年1月31日起边修复边开放,是上海改革开放后最早恢复宗教活动的道观之一。

在上海城隍庙修复的同时,上海也开始了豫园商城的改造和建设,1989年在丽水路,也即豫园商城的主入口建造仿古牌楼,至1999年共建成七幢仿古建筑的大型商业楼宇,使城隍庙地区形成庙宇、花园、市场混为一体的"豫园商业旅游区"。毫无疑问,豫园商城的建设是以打破传统为代价的,所谓"千秋功过,谁与评说",这不是我这本小册子能作出断定的,还是由智者去论述吧。

图书在版编目(CIP)数据

老上海邑庙城隍 / 薛理勇著. —上海：上海书店出版社，2015.8
(薛理勇新说老上海)
ISBN 978-7-5458-1113-1

Ⅰ.①老… Ⅱ.①薛… Ⅲ.①城隍-寺庙-介绍-上海市 Ⅳ.①K928.75

中国版本图书馆 CIP 数据核字(2015)第 154593 号

责任编辑　沈佳茹
技术编辑　丁　多
装帧设计　郦书径

老上海邑庙城隍
薛理勇　著

出　版	上海世纪出版股份有限公司上海书店出版社
	(200001　上海福建中路193号　www.ewen.co)
发　行	上海世纪出版股份有限公司发行中心
印　刷	上海叶大印务发展有限公司
开　本	890×1240mm　1/32
印　张	6.125
字　数	120,000
版　次	2015年8月第1版
印　次	2015年8月第1次印刷

ISBN 978-7-5458-1113-1/K.190
定　价　25.00元